建築家・葛西萬司

辰野金吾とともに東京駅をつくった男

佐藤竜一

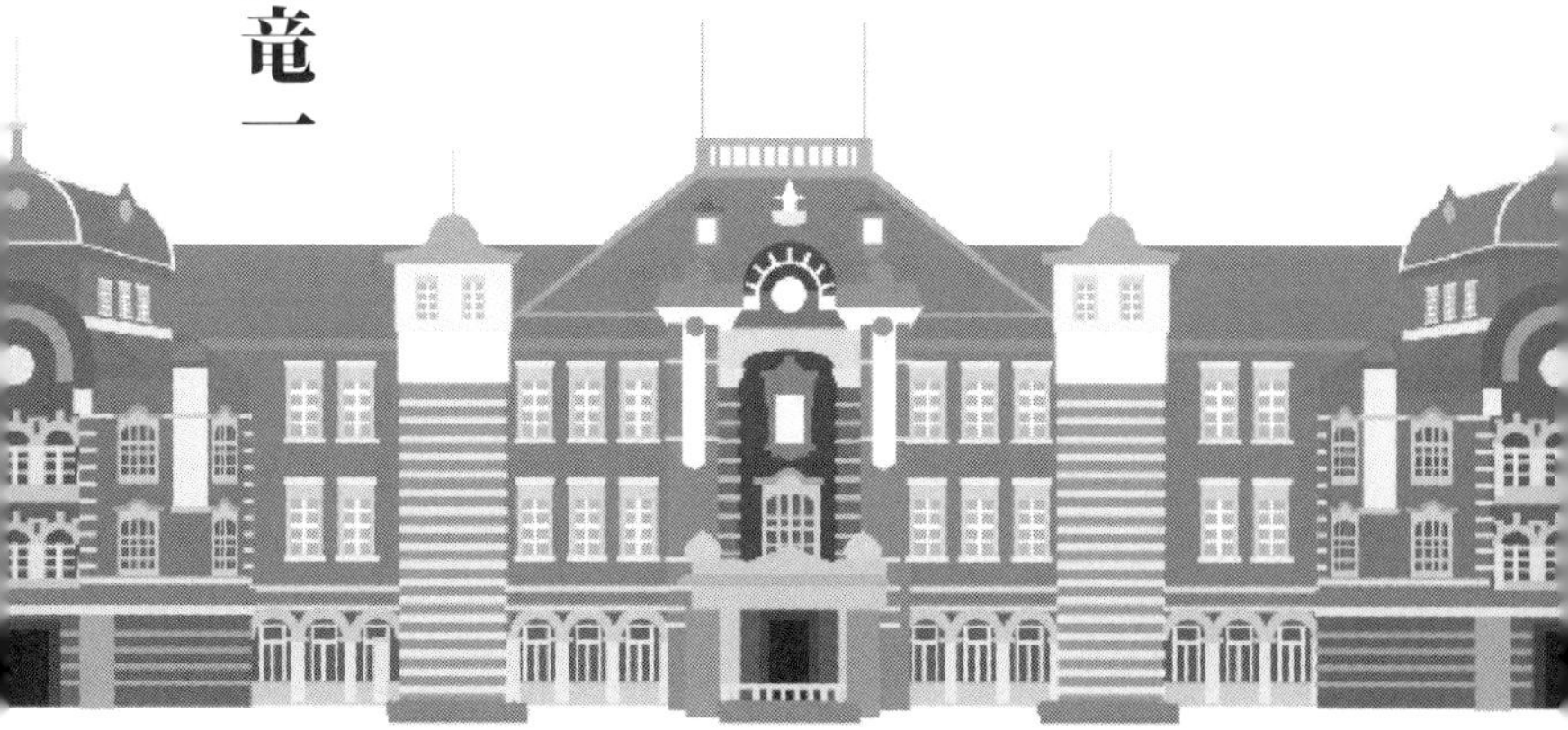

日本地域社会研究所

コミュニティ・ブックス

はじめに

葛西萬司という建築家の名前を知っているだろうか。おそらく、ほとんどの読者は知らないに違いない。東京駅の建築家として名高い辰野金吾の補佐役を務めた人物だが、葛西の名前は辰野の高名さに反比例するかのように忘れられている。よほど建築に詳しい人以外は、知られていないというのが現状である。

たとえ葛西萬司の名を知っているとしても、辰野金吾の右腕といったイメージが強く、設計者としての葛西萬司を高く評価する人は少ないに違いない。現に基本的な通史ともいえる藤森照信『日本の近代建築（上）（下）』（岩波書店）には葛西萬司の名前はいっさい登場しない。とはいえ、辰野金吾が亡くなった後、重しが取れたように精力的に設計活動を展開した葛西萬司の建造物は生まれ故郷の盛岡に数多く残っている。忘れ去られるには惜しい建築家なのだ。

私は二〇〇九年から岩手大学で宮沢賢治について講義している。賢治は岩手大学農学部の前身、盛岡高等農林学校に学んだ。そのこともあり、賢治にあこがれて岩手大学に入学する人が少なからずいる。教育学部の学生は賢治に理想の教師像を描いている場合も多い。

賢治のルーツは江戸時代までさかのぼれる由緒ある家系で、先祖は盛岡藩で小頭をつとめていた。小頭というのは棟梁を束ねる人のことで、駒形神社など花巻周辺の神社仏閣は賢治の先祖によって設計監理されてきた。つまり、賢治の先祖は建築に携わってきたのであり、賢治自身もかなり建築設計に通じている。

たとえば、代表作のひとつ「注文の多い料理店」には建築に対する関心の強さが垣間みられるし、東京体験に基づいて書かれた「革トランク」は建築設計士が物語の主人公だ。

賢治は一八九六（明治二九）年八月二七日に生まれ、一九三三（昭和八）年九月二一日に亡くなった。もう九〇年も前に亡くなった人だが、盛岡には賢治が見た建造物が結構遺っている。

日本の建造物の多くは、三〇年も経てば取り壊される運命にある。地震が多いほか、日本は元々、スクラップ&ビルドの論理で経済発展を遂げてきた。近年、歴史的建造物の保存が叫ばれているが、そうした活動は弱く、次々に古く歴史的に価値のある建造物が取り壊されている。盛岡の場合は、市民の自然環境や歴史的建造物を守ろうとする意識が高く、その結果、多くの歴史的建造物が遺された。

盛岡市の中心部を流れる中津川には、毎年秋になるとサケが遡上《そじょう》する。一九五六（昭和三一）年、中津川にコンクリートの堤防をつくろうという動きがあったが、そうなると自然環境が損なわれるとして市民が反対運動を展開し、その実施を阻止したおかげだ。一九七一（昭和四六）年、盛岡市は自然環境保全条例を制定した。五年後の一九七六（昭和五一）年には歴史的環境保全という視点が加わった。このことで、歴史的建造物の消失に歯止めがかかり、盛岡に多くの歴史的建造物が遺されることになった（木原啓吉『歴史的環境』）。盛岡に多くの歴史的建造物が遺されたのは、盛岡市民の自然環境を守ろうとしてきた意識の高さのおかげともいえる。

盛岡市の保存建造物指定第一号は、旧岩手銀行中ノ橋支店である。賢治が生きていた頃は、盛岡銀行本店だった。盛岡銀行は一八九〇（明治二三）年に営業を開始したが、この建物は一九一一（明治四四）年に竣工した。盛岡銀行の経営には賢治の母方の叔父恒治が参加しており、賢治はこの建物が好きで詩「岩手公園」の中に登場させている。

賢治は生涯で九度上京し、三五〇日前後を東京で過ごしている。東京駅に降り立ったとき、賢治はおそらく、既視感を覚えたに違いない。赤レンガタイル張りに白い花崗岩を施した東京駅の外観が盛岡銀行本店にそっくりだったからだ。この宮沢賢治ゆかりの建造物の設計者が辰野金吾と葛西萬司なのだ。辰野と葛西は一九一四年に竣工した東京駅の前に盛岡銀行本店を設計していて、盛岡銀行本店の設計体験は東京駅設計の際に生かされたと推測できる。

「赤レンガの銀行」として長く親しまれてきた旧盛岡銀行本店は二〇一二(平成二四年)八月、銀行としての営業を終了した。その後約三年半に及ぶ保存修理工事を経て、多目的ホールや展示スペースを備えた「岩手銀行赤レンガ館」として生まれ変わり、多くの人々が訪れる憩いのスポットとなっている。

「岩手銀行赤レンガ館」のすぐ近くには、もりおか啄木・賢治青春館が建っている。この建物は旧第九十銀行で、地元出身の横浜勉が設計した。一九三一(昭和六)年の金融恐慌の際、県が主体となって設立された岩手殖産銀行(現岩手銀行)に吸収され、岩手銀行の所有になった。

一九九九年、盛岡市はこの建物を運輸省(当時)の「盛岡快適観光空間整備事業」におけるテーマ館と位置づけた。詳細な調査の結果、保存活用が決定し、二〇〇二年もりおか啄木・賢治青春館として開館した。二〇〇四年七月には、国の重要文化財に指定されている。

さらに、一〇分も歩けば、岩手県公会堂に辿《たど》り着く。この建物は一九二七年に竣工した。設計者は日比谷公会堂や大隈講堂の設計者として知られる佐藤功一であり、外観は日比谷公会堂そっくりである。

ほかにも、盛岡には歴史的建造物がいくつもある。私は盛岡に歴史的建造物が多く遺っている理由として盛岡市民の環境意識の高さを挙げたが、もう一点指摘しておきたいのは建築家の存在だ。東京駅の建築家といえば辰野金吾のみが話題になり、補佐役の葛西萬司が取り上げられることは少ない。また、やはり高名な建築家である伊東忠太の弟子横浜勉の名前もほぼ、忘れられている。

そのことに、私は残念な気持ちを抱いてきた。私は本書で葛西萬司、横浜勉といった盛岡出身の建築家の足取りを中心にたどりながら、盛岡に多く遺っている歴史的建造物の背景に迫ろうと考えた。

第一章では、葛西萬司の出自から始まり恩師である辰野金吾との出会いについて紹介する。辰野はお雇い外国人建築家ジョサイア・コンドルに学んだ人で、日本の建築学のいしずえを築いた。辰野は早い時期から、民間に出て建築設計事務所を立ち上げたが、最初の試みは失敗に終わっている。辰野は教え子である葛西を補佐役に据えることで、やっと建築設計事務所を軌道に乗せることができた。その経緯を紹介する。

第二章では、辰野金吾が亡くなった後、設計事務所を立ち上げ、盛岡を舞台に旺盛な建築設計活動を展開した葛西萬司の事跡について紹介する。葛西は少し大げさにいえば、盛岡の街をデザインした建築家だった。建築家が仕事をしていく上では、依頼主（パトロン）の存在が不可欠であり、岩手の経済界の大立者だった養父・葛西重雄の存在が大きい。パトロン的な役割を果たした南部家、重雄の縁で知り合った三田義正、三田俊次郎との関係についても詳しく紹介する。

第三章では、旧第九十銀行（現もりおか啄木・賢治青春館）に焦点を当て、設計者である横浜勉について紹介する。横浜勉が設計した建造物は旧第九十銀行しか現存せず、忘れられた建築家だが、現存する建造物は大きな存在感を醸《かも》し出している。恩師である伊東忠太との関係などにも触れる。

第四章では、早稲田大学の建築学科の生みの親ともいえる佐藤功一が設計した岩手県公会堂に焦点を当てて紹介する。その外観は日比谷公会堂と似通っており、佐藤は日比谷公会堂を設計する前に実験作としてこの建築物を設計したのではないか、という思いにもとらわれる。当時の高層建築物であり、今も現役で使われているこの建築物は市民に愛され続けている。

建築について語ることは街の歩みを語ることに通ずる。本書を読むことで、盛岡の街に彩《いろど》りを与えた葛西萬司、横浜勉等について興味をもっていただけたらとてもうれしい。

目次

目次

第一章　葛西萬司と辰野金吾

第一節　養父・葛西重雄

盛岡に出生

葛西萬司（旧姓鴨澤）は文久三（一八六三）年七月二一日、鴨澤舎《とねり》・コノの二男として盛岡の上衆小路（現盛岡市清水町）に生まれた。

鴨澤氏は盛岡藩の上級武士だったが、萬司が生まれた翌年一一月一九日、母コノが他界した。その後はマスが後妻となった。慶応四（一八六八）年七月一日に、舎が没し、悲運は収まらなかった（盛岡市先人記念館「第49回企画展 葛西萬司 図録」）。

葛西萬司（1863～1942）
（写真提供：盛岡市先人記念館）

マスの下には四歳の萬司など四人の兄弟が残された。一家の支えとなったのが親戚の葛西重雄である。重雄は萬司の兄である鴨澤慎の妻、ヤエの兄だった。

当時の盛岡藩は戊辰戦争に敗れたため、賊軍の烙印を押されていた。藩主は隠居謹慎し、多額の賠償金を政府から科せられたあげく、廃藩となった。そうした混乱期にあって、重雄の存在は葛西一家にとってきわめて大きかった、と推測される。なお、葛西重雄の事績に関しては、前掲の「図録」に沿って紹介する。

葛西重雄と古河市兵衛

葛西重雄は嘉永二（一八四九）年一月一八日、葛西市太郎（後に軍平、市右衛門、登と改名）・イホの長男として盛岡に生まれた。現在の岩手県南部から宮城県北部にかけ勢力があった戦国大名葛西氏の末裔だ。

葛西重雄は盛岡藩校である作人館や私塾で漢学や洋学を学んだ。慶応四（一八六八）年二月からは藩主南部利剛《としひさ》に小姓（雑用を担当する武士）として仕えた。同年盛岡藩は戊辰戦争に参戦し敗北した。重雄は戦後処理に奔走後、盛岡と京都を拠点とする豪商小野組に勤めたが、やがて小野組が閉店した。

葛西重雄（1849 ～ 1925）
（神明敬氏 蔵）

その後、小野組の幹部だった古河市兵衛が独自に鉱山事業を始めると、重雄は明治九（一八七六）年から古河家に勤務するようになり、明治二七（一八九四）年、重雄は秋田の古河阿仁《あに》鉱山事務所長を任されるようになった。

重雄は明治五（一八七二）年、「若松小野組鉱山部雇傭」として小野組に入っており、その経験が買われたと推測される。作人館や私塾で学んだ洋学の知識も生かされたといえるだろう。

古河市兵衛は京都生まれで、嘉永二（一八四九）年から安政四（一八五七）年まで、盛岡で商売について学んだ後、小野組の重鎮として盛岡に関わり続けた。

古河家に仕え順調な出世をした重雄だが、一方の萬司は明治七（一八七四）年一二歳で上京（一五歳で上京という説もある）、慶應義塾を経て明治一九（一八八六）年第一高等中学校（現東京大学教養学部）の第一期生として入学した。

明治二二（一八八九）年六月三日、葛西重雄の養嗣子《しし》となった。同月一六日には、重雄の妻キヨの妹神タキと結婚している。萬司が上級学校に進学できたのは養父葛西重雄の援助によると推測できるが、養嗣子となることでさらに、萬司に幸運が転がり込む。重雄は、経済的にも精神的にも頼りになる養父だった。

重雄は経済人として地位が高まるにつれ、地元盛岡を中心とした岩手の経済界でリーダーシップを発揮するようになった。葛西萬司は辰野金吾亡き後、盛岡で多くの建造物を設計する機会に恵まれたが、それは養父重雄の人脈があったからだ。

鉱山開発の専門家として古河家に重宝された重雄は、明治三〇（一八九七）年には二等支配人、明治三七（一九〇四）年には一等支配人に抜擢《ばってき》された。

個人経営を経て会社経営へと移行、古河鉱業会社となってからは、古河家そのものとの関係が緊密になった。重雄は市兵衛、潤吉、虎之助の三代にわたり、補佐役として古河家を支えた。

葛西重雄の晩年

葛西重雄は晩年、故郷盛岡で暮らした。

大正九（一九二〇）年一二月、七一歳のときには、旧岩手銀行の初代頭取小野慶蔵の後を継いで、二代目頭取に就任した。小野は盛岡藩最大の近江財閥・小野組の一支流である芳野屋に、安政元（一八五四）年に生まれた。質屋や金銀地金商を営みながら次第に力を蓄え、明治・大正期の岩手経済界を牛耳った人物だ。

重雄を頭取に推薦したのは原敬と推測されている。

そのほか、盛岡貯蓄銀行初代頭取、盛岡電気株式会社取締役、盛岡信託株式会社取締役などの要職を務めるなど、重雄は盛岡の経済界を牽引《けんいん》する人物として活躍した。

盛岡市志家《しけ》町に重雄は住んだ。大正六（一九一七）年から約二五〇〇坪の宅地の造成と造園が開始され、大正一〇（一九二一）年に完成した。

大正一三（一九二四）年の衆議院選挙の際に、盛岡選挙区は田子一民《いちみん》と高橋是清《これきよ》の一騎打ちとなったが、葛西荘は高橋是清の本陣となった。是清は内閣総理大臣を務めた大物政治家で、後で触れるが、英語教師として唐津で辰野金吾や曽禰達蔵を教えた人物だ。原敬が亡くなった後に地盤を引き継ぎ盛岡選挙区から出馬して、当選した。敗れた田子一民は盛岡出身の政治家で、衆議院議長、農林大臣を務めた。

なお、大正一〇（一九二一）年一一月一日、原敬が東京駅で暗殺された七日後に盛岡で盛大な葬儀が行なわれたが、葛西重雄はもちろん参列している。

東伏見宮、朝香宮も葛西荘に泊まったことがあり、池辺で釣り一糸を垂れていた姿が目撃されている。

敷地内の洋館は萬司が設計したが、仕事の関係で萬司は盛岡には住めず、昭和一六（一九四一）年に松尾鉱業所に売却、屋敷は寮として使用された。

第二次世界大戦後はアメリカ軍に接収され、昭和二六（一九五一）年に解放された。

昭和三九（一九六四）年にはＩＢＣ岩手放送の敷地となり、解体された。この建物は盛岡市民に親しまれた。昭和天皇行幸《ぎょうこう》の際には、行在所《あんざいしょ》（仮御所）となった。

洋館は取り壊されたが、庭園は一部遺っている。重雄が全国から樹木や庭石を取り寄せたとあって、見事な造景であり、往時をしのぶことができる。

大正一四（一九二五）年八月八日、葛西重雄は七六年の生涯を閉じた。三日後に盛岡の東禅寺で行なわれた葬儀には、古河虎之助ら政財界の重鎮が数多く列席した。

二五歳で葛西重雄の養嗣子となった萬司は翌明治二三（一八九〇）年七月、帝国大学工科大学造家学科（現東京大学工学部建築学科）を卒業し、日本銀行に技師として入り、本店・大阪支店などの建築に従事した。

葛西萬司の帝国大学造家学科の同期に、建築家として名を馳せた横河民輔《たみすけ》がいる。「日本初のデパートメントストア」と呼ばれた日本橋三越本店の設計で知られている。帝国大学で出会った恩師辰野金吾が後の葛西萬司の人生を決定することになる。

第二節　辰野金吾との出会い

明治時代に欧米式の建築制度を移入

恩師辰野金吾の下で建築家の道を歩き始める葛西萬司だが、そのことを紹介する前に日本

辰野金吾（1854 ～ 1919）
（出典：近代日本人の肖像）

の建築学がどう根づいていったのか、について触れることにしたい。

江戸時代まで、日本では大工の元締めである棟梁《とうりょう》が建築物の設計・施工を請け負っており、建築材料は木材に偏《かたよ》っていた。

明治時代初期、日本政府はお雇い外国人を教師として迎え、欧米式の建築制度を移入した。その結果、建築設計が職能として確立し、ホテル、デパートなど従来日本に存在しなかった建造物が誕生することになった。セメント、ガラス、鉄などを用いた大規模建造物が可能になったのだ。

たとえば、鉄に関してだが、村松貞次郎の研究（『日本近代建築の歴史』）によれば、鉄は建築分野では明治二〇年代ぐらいからレンガや石の補強材として盛んに使用されはじめる。鉄橋は明治初年には登場しているから、建築への使用は二〇年ほど遅い。構造材として多用されるのは一九二三年に発生した関東大震災以後である。

ジョサイア・コンドルと浮世絵

お雇い外国人として、日本に建築学を根付かせた代表的な人物はイギリス人のジョサイア・

コンドルだった。コンドルは一八五二年、ロンドンに生まれた。サウス・ケンジントン美術学校、ロンドン大学で建築学を修めたコンドルは、イギリスの代表的な建築家バージェスの事務所の助手として設計・監理の仕事に携わった。バージェスは後に、辰野金吾が留学時代師事した建築家だ。コンドルは新人建築家の登竜門であるソーン賞を獲得したり、コンペに入賞したりするなどの活躍をみせ、将来を嘱望《しょくぼう》された建築家だった。

一九世紀後半のヨーロッパでは、東洋趣味が浸透しはじめていた。一八五一年ロンドンで初めて万国博覧会が開催されて以来、次第に東洋への関心が高まる。日本が万国博覧会に正式に参加するのは一八七三年からだが、有田焼や浮世絵に関心が集まった。

やはり、浮世絵に関心を示した外国人建築家にアメリカ人のフランク・ロイド・ライトがいる。ライトは一九〇五年、初めて日本にやって来た。浮世絵の買い手として来日したのだ。江戸時代に花咲いた浮世絵は日本人には理解されず、大量に海外に流出した。日本人が浮世絵の価値に目覚め、展覧会が盛んに開催されるようになるのは、大正時代になってからのことだ。

コンドルは浮世絵に大きな関心を抱いた。そのことが日本への関心へとつながり、日本行きを決意することになった。

ジョサイア・コンドルと工部大学校

コンドルは明治一〇（一八七七）年、日本政府に請われて来日、工部大学校（当時は工部学校）の教員となり、造家学科（当時は建築を造家と呼称）で教育に当たった。日本の建築学事始めであり、多くの建築家が育っていった。工部大学校は明治一九（一八八六）年まで存続し、帝国大学工科大学（現東大工学部）へと発展する。ちなみに、帝国大学工科大学の造家学科が建築学科に改称するのは明治三一（一八九八）年のことだ。

工部大学校では辰野金吾らの第一回から第七回（明治一八年卒業）まで、コンドルは二〇名の建築家を育て上げた。コンドルはその後教育の第一線を退き、帝国大学工科大学では辰野を中心とする日本人により日本人建築家の教育が始まった（村松貞次郎『日本近代建築の歴史』）。

地下鉄丸ノ内線・千代田線に乗り、国会議事堂前駅で下車。外堀通りを虎ノ門方面に少し歩くと、工部大学校跡地の碑がある。霞が関ビルに隣接していて、赤レンガの碑の台座に標識があり、「工部大学校阯」と文字が刻まれている。

コンドルは日本女性と結婚し、絵をたしなむ趣味人でもあった。大正九（一九二〇）年に六八歳で亡くなるまで日本で暮らした。

日本での生活が長かったので、多くの建造物が遺された。コンドルが設計した建造物の代

工部大学校阯

表作としてはニコライ堂、旧古河邸、旧岩崎久弥邸、三井倶楽部《くらぶ》などがある。コンドルは優れた教育者であるとともに、優れた実践者でもあった。邸宅や倶楽部建築を設計する機会に恵まれたのは、財界人との接触が多かったためだ。

コンドルの代表作のひとつ、旧古河邸だが、葛西萬司が書庫を設計している（田端文士村記念館の常設展示による）。その経緯は不明だが、辰野金吾を介して葛西に依頼があったのかもしれない。

辰野金吾と曽禰達蔵

辰野金吾はコンドルの一番弟子だった。嘉永七（一八五四）年八月二二日、肥前唐津藩城下町に、藩士姫松倉右衛門の次男として生まれた。金吾の父は藩士ではあったが下級武士で、近所には後に右腕として設計活動を支えた岡田時太郎の家があった。明治元（一八六八）年、江戸から帰藩した叔父辰野宗安の養子となって以来、辰野を名乗るようになる（清水重敦　河上眞理『辰野金吾』）。

唐津で藩の志道館で漢学を学んだ後進学した、唐津藩主小笠原長国が明治三（一八七〇）年に設立した洋学校「耐恒寮《たいこう》」では出会いがあった。後年工部大学校でもともに学ぶことになる曽禰《そね》達蔵との出会いである。曽禰は唐津藩江戸藩邸詰めの藩士で、藩主小笠原長行《ながみち》から篤《あつ》く信頼された家柄だった。長行は幕閣中の切れ者で老中まで務めた。明治維新の原動力となった西国雄藩の中で幕府に与《くみ》し、箱館戦争まで参加している。達蔵は長行に付き従い、慶応二（一八六六）年の長州征伐から会津へと転戦している。

辰野金吾と高橋是清

耐恒寮において、東太郎の変名で英語教師をしていたのが高橋是清《これきよ》だ。是清は安政元（一八五四）年、幕府の御用絵師川村庄右衛門の子として生まれた。後に、仙台藩士高橋是忠の養子になる。一四歳で藩の留学生として渡米するが、学費が途絶え、奴隷として売られた。命からがら逃げ出し翌年帰国した。幕府の有力者だった森有礼《ありのり》の書生となったことで運が開けた。語学がよくできたので、大学南校（後の東大）で教壇に立った。そんな是清に唐津で英語学校ができるから、教師として行ってみないかという誘いが友人を介してあった。是清の授業は型破りだった。一切授業中は日本語の使用を認めず、すべて英語で行なわれたのだ（北原遼三郎『明治の建築家・妻木頼黄の生涯』）。

是清は後に財政の専門家となり、日本銀行総裁や大蔵大臣、総理大臣を務め、昭和一一（一九三六）年二・二六事件で殺された。高橋是清との出会いが辰野へ与えた影響は大きかった。

耐恒寮がわずか一年ほどで閉校になったため是清は東京に戻った。郵便事業の創始者として知られる前島密《ひそか》に通訳としてスカウトされた。

その後、まず曽禰が遅れて辰野が是清を追うように東京へ移った。曽禰は是清の口利きで、文部省のお雇い外国人フルベッキの屋敷に書生として住み込んだ。辰野は「耐恒学舎」を主宰していた旧唐津藩士山口文次郎の食客となり、イギリス人から英語を学んだ。

明治六（一八七三）年、工部省が、工業士官教育のための高等教育機関として「工学寮」を開校した。この学校が明治一〇（一八七七）年に改組されて「工部大学校」となる。辰野は曽禰とともに、工部大学校に入学し、コンドルと出会った。コンドルの講義はすべて英語で行なわれ、テストや卒業論文もすべて英語だったが、唐津で高橋是清から英語での授業を受けていた辰野や曽禰にとって、そのことは苦にならなかったに違いない。

辰野金吾の欧州留学

明治一二（一八七九）年に工部大学校第一期生四人のうちの一人として卒業した辰野は、ヨーロッパに旅立った。明治一三（一八八〇）年他学科卒業の一〇名とともに官費留学生としてロンドンに留学した。この留学はイギリスで本場の工学や教育方法を学ぶことが目的だった。お雇い外国人を頼りとせずに、日本人による自立した工学教育を実施することが求められていた。

辰野はキュービット建築会社で五カ月間建築施工を学んだ後、建築家ウィリアム・バージェスの実地見習い生として建築設計実務を修学した。ロンドン大学やロイヤル・アカデミー・オブ・アーツでも建築を修学した。

美術建築家のバージェスの下での実地研修によって、辰野は日本の建築における装飾や様式に対する問題解決の糸口として美術建築を意識するようになった。建築は工学的な関心だけでは成り立たず、建築装飾の重要性を認識することになった。辰野はバージェスから原寸図など細部へのこだわりも学んだ。設計に当たり、原寸図を書かなければ建築は模型と変わらなくなってしまうと教えられたという（清水重敦　河上眞理『辰野金吾』）。

松岡壽や長沼守敬との出会い

辰野は明治一五（一八八二）年ロンドン大学建築学構造全科を修了し、フランス、イタリアへのグランド・ツアーに参加した。イタリアでは画家の松岡壽《ひとし》と彫刻家の長沼守敬《もりよし》と交流した。

岡山藩士の子弟として生まれた松岡壽はローマ滞在中公使館で働きながら、ローマ王立美術専門学校に学び、帰国後は肖像画家として名を馳せた人物で、辰野没後に肖像画を描いている。

長沼守敬は一関藩士の子弟で、イタリアへのあこがれからイタリア語を学び明治一四（一八八一）年からイタリアに滞在していた。その後、日本語講師として働きながらヴェネツィア王立美術学校で彫刻を学び、帰国後彫刻家として大成した。高村光太郎の父光雲と親しく交わり、光太郎に大きな影響を与えた。辰野との交友は生涯に及び、晩年は辰野が設計に関わった館山の家に住んだ。気が向けば近所を散歩し、イタリア留学当時からの習慣で自ら豆を挽《ひ》いてコーヒーを楽しむ生活を昭和一七（一九四二）年に亡くなるまで続けた（熊谷印刷出版部編『岩手の群像』）。

バージェスから美術建築を学んだ辰野にとって、西洋美術を学んでいる松岡や長沼との交流は刺激に富んだものだったと推測される。

日本の建築学のいしずえを築く

辰野は明治一六（一八八三）年に帰国、工部省での営繕の仕事を経て、コンドルの後を引き継いで工部大学校教授に就任した。

辰野はレンガ造や石造などの建築技術を学び、そうした技術を実際に生かそうとした。明治一九（一八八六）年に辰野は同志たちと造家学会（後の建築学会、現日本建築学会）を創立し、同業者の結束と建築技術の発展に寄与している。

同年工部大学校から帝国大学工科大学へと改組が行なわれ、辰野は帝国大学工科大学教授に就任している。辰野は明治二二（一八八九）年、「日本建築学」の講座を新設し、日本建築を学び研究する道を開いた。

建築家という概念がなかった当時、日本に建築を根付かせた辰野の功績は大きい。その辰野の下で葛西萬司は学び、明治二三（一八九〇）年七月一〇日、帝国大学工科大学造家学科を卒業した。

帝国大学工科大学を卒業した葛西は日本銀行で技師として働きはじめた。同年一〇月のことだ。葛西は日本銀行技師として、本館、西部支店、大阪支店の設計に携わった。

日本橋と妻木頼黄

東京駅八重洲口から外堀通りを北に歩くと、日本橋がある。

現東京都中央区に位置する日本橋が架けられたのは、慶長八（一六〇三）年とされている。

徳川家康が江戸に幕府を開いた年で、翌年には幕府直轄《ちょっかつ》の主要な五街道の起点と定められ、沿道には日本橋からの距離を示す一里塚が築かれた。江戸時代は日本橋を中心にして、交通システムが確立された。

日本橋といえば江戸の中心だったが、現存する橋は明治四五（一九一二）年に竣工したもので、意匠設計を担当したのは元幕臣の妻木頼黄《よりなか》だった。妻木は安政六（一八五九）年江戸で生まれた。妻木家は代々美濃国妻木郷に住んで徳川家に仕えた家系で、旗本であり、父源三郎頼功は長崎奉行を務めた。妻木はその長男だった（長谷川堯《たかし》『都市廻廊』）。

妻木は工部大学校造家学科第六回入学生だったが、中退した後にアメリカのコーネル大学三年に編入学、その後内務省を経て大蔵省に移り、大蔵省臨時建築部長として官庁営繕で指導的な役割を果たした。

外務卿だった井上馨《かおる》は不平等条約解消のため鹿鳴館《ろくめいかん》時代を演出したほか、官庁集中計画に着手した。鹿鳴館を建てたコンドルに断られた井上は新興国ドイツと交渉し、当時ドイツを代表する建築家だったヘルマン・エンデとウィルヒルム・ベックマンが承諾し、来日した。その結果、日本からドイツ建築習得のため派遣された一人が妻木である。一八八六（明治一九）年のことだった。当時世界の建築・土木界をリードしていたのはイギリス、ドイツ、フランスであり、日本はそれらの国々から盛んに技術を導入しようとした。

首都を欧化することで不平等条約を解消しようという井上の計画は失敗し、井上は失脚した。官庁集中計画が中止されたことに伴い、エンデとベックマンは日本を去ったが、仮議院（明治二三年竣工）、司法省（明治二八年竣工）、裁判所（明治二九年竣工）といったドイツ様式の建築が遺された。二人が日本を去った後、起工済みの裁判所、司法省のドイツ建築を完成させる必要があり、臨時建築局のドイツ派は内務省に移籍し、中央官庁の中にとどまることができた。ここを拠点としてドイツ派は海軍省、大蔵省といった建築を手掛けてゆく。そうしたドイツ派の中央官庁浸透作戦の中心にいたのが妻木だった（藤森照信『日本の近代建築（上）』）。

日本橋は花崗岩が堅牢な雰囲気を醸し出しており、欄干《らんかん》に置かれている麒麟《きりん》と獅子の青銅像はドイツ・バロック的な怪奇ともいえる重量感を漂わせている。

幕臣だった妻木が意匠設計を担当したこともあり、「日本橋」の文字は徳川最後の将軍慶喜《よしのぶ》が書いている。この周辺には今なお江戸時代の歴史が息づいている。

イギリス派とドイツ派

葛西萬司の師であり、旧盛岡銀行本店の共同設計者だった辰野金吾はイギリス人のお雇い外国人、ジョサイア・コンドルの教えを受けた人だった。つまり、これはイギリス系建築の流れだ。

一方、中央ではドイツ人、エンデとベックマンの流れもあった。司法省建築関係者はそうしたドイツ系建築の流れを汲んでいる。すでに紹介したとおり、ドイツ系建築の流れを汲む設計者の代表的人物が大蔵省営繕局に勤めた妻木頼黄だ。

ちなみに、イギリス系建築家とドイツ系建築家にはこんな対立もあった。

すでに紹介したとおり妻木頼黄はコーネル大学建築科を卒業した後、ヨーロッパを回って帰国し東京府に勤務した。明治一九（一八八六）年ドイツに留学し、二年後に帰国してからはドイツ系の建築デザインを進めたドイツ派建築家の代表的な存在だったが、妻木にとって、国会議事堂の設計は一種の悲願だった。時の権力者桂太郎の庇護《ひご》の下で妻木に設計が決まりかけたとき、イギリス派建築家で日本の建築学会を牛耳っていた辰野金吾は、妻木に設計を取らすな、国会議事堂のような国家を象徴する大事業はコンペティションにして公明正大に設計者を決めるべきだと反対運動を展開した。結果的に、桂太郎の失脚と病没があり、妻木による国会議事堂の設計は頓挫《とんざ》し、妻木自身大正五（一九一六）年に桂の後を追うように病没した（長谷川堯『都市廻廊』）。

日本銀行と渋沢栄一

東京駅から日本橋の方向へ五分ほど歩くと日本銀行があるが、日本銀行前の堀にある常盤橋は明治時代を代表する石橋のひとつで、薩摩の石工が築いたとされている。

西洋では古くから石を建材として用いているが、日本では明治時代になり西洋建築が移入されてから一般化する。レンガと並び、明治を代表する建材として利用されるようになる。ちなみに、「石っこ賢さん」といわれたほど石が好きだった宮沢賢治はよく、この周辺を歩きまわり、短歌に詠んでいる。

日本銀行近辺に金融機関が多いのには、理由がある。兜《かぶと》町にかけての地域計画には、実業界の大立者・渋沢栄一が関与した。日本最初の銀行、つまり第一国立銀行が一八七三（明治六）年に兜町に創業して以来、地域はビジネス街をして発展を遂げた。そのことに伴い、付近に銀行が林立することになった。

日本銀行の創立にも渋沢栄一が関与している。日本銀行が営業を開始するのは明治一五（一八八二）年のことで、国庫金の取り扱いや日本銀行券の発行を行なう中央銀行として設立された。

辰野金吾と日本銀行本館

日本銀行本館は明治二九（一八九六）年に竣工した建造物で、設計は辰野金吾が担当した。日本銀行本館工事の際、建築事務主任として辰野と共同で働いたのが唐津時代の恩師高橋是清である。辰野はさぞ心強かったことだろう。

日本銀行本館ではレンガと石を構造材とし、至る所に鉄を補強材として使用している。壁に使用した花崗岩が重厚さを醸《かも》し出していて、ギリシアの神殿を想定して建築されたという。欧米の建築技術を学んだ辰野は、さっそくその技術を生かした。この建築は日本人建築家による初めての国家的な建築だ、といってもよい。

辰野はギリシア神殿にふさわしい石を探し求め、瀬戸内海に浮かぶ北木島（岡山県笠岡市）の御影石《みかげいし》（花崗岩）にたどり着く。当時東京には御影石を使う伝統はなく、石工たちはそのあまりの硬さに苦労したという。以後東京の古典的なスタイルを採る記念碑的建築は御影石を使用するようになった。片山東熊《とうくま》設計の表慶館や赤坂離宮は全面的に瀬戸内産の御影石が使われている（藤森照信＋大和ハウス工業総合技術研究所『近代建築そもそも講義』）。

辰野は帝国大学工科大学で教えながら、建築設計に取り組んだ。だが、次第に建築設計に専念したいという思いにとらわれることになった。

辰野は明治三六（一九〇三）年、帝国大学工科大学長を辞任し、新たに設計事務所を開設することにした。その右腕として頼りにしたのが、葛西萬司だった。葛西は日本銀行建築の際、辰野の下で詳細図を担当している。設計者としての仕事は日本銀行で始まっていた。

明治三六（一九〇三）年八月一日、辰野葛西事務所が東京市京橋区日吉町二番地（現銀座八丁目五）でスタートした。

当時の日本では、建築設計という仕事がまだ、職業として確立されていない。そうした中での設計事務所の船出である。

当初はなかなか仕事が得られずに苦労したようだが、葛西萬司は辰野の補佐役として設計者としての実績を積むことになる。

葛西萬司と銀行建築

葛西は日本銀行に勤めながら、恩師である辰野金吾の日本銀行の設計を手伝った。明治三三（一九〇〇）年、長野宇平治《うへいじ》が日本銀行技師に抜擢されて葛西は日本銀行を去るが、三年後の明治三六（一九〇三）年に辰野と辰野葛西事務所を開設した。

長野は明治三〇（一八九七）年から大正元（一九一二）年まで日本銀行技師を務め、その後、建築設計事務所を開いた。日本銀行2号館・3号館を設計したほか、横浜正金銀行東京支店（後の東京銀行本店）などの設計で知られている。長野は大学予備門で夏目漱石と同級で、建築家志望だった漱石が志望変更して文学に進んだのに対し、予定どおり建築に進んだ人だ（藤森照信『日本の近代建築（下）』）。

この間の事情は推測になるが、おそらく、辰野は葛西の実直な仕事ぶりをみて、葛西をパートナーに誘ったと思われる。

葛西は辰野と組んで後に盛岡銀行本店（現岩手銀行赤レンガ館）、単独で岩手銀行本店（現在の岩手銀行とは系列が異なる、現存しない）、盛岡貯蓄銀行（現盛岡信用金庫、現存）といった銀行建築を手掛けるが、その原点ともいえる建築物が日本銀行だった。

妻木頼黄と日本勧業銀行本店

辰野のライバルと目された妻木頼黄も銀行建築を設計している。現在の内幸町の角《かど》、日比谷公園の前にあった日本勧業銀行本店だ。日本勧業銀行は明治三〇（一八九七）年に発足したが、その監督官庁が大蔵省だった。大蔵省の技術官僚として幅を利《き》かせていた妻木が設計を担当したのは当然といえるかもしれない。

日本勧業銀行本店は明治三二（一八九九）年に竣工し、屋根を入母屋破風《いりもやはふ》にまとめた和風建築として話題を呼んだ。妻木の下で、デザインを担当したのが当時東京帝大の大学院生だった武田五一だった。この建物は勧銀本店として二八年間使用された後、京成電気軌道株式会社に二万五千円で売却された。

その後、紆余曲折《うよきょくせつ》があり、千葉市役所として使用された後、建物の復元、保存を条件にして千葉トヨペット株式会社に無償で譲渡された。現在は千葉市美浜区に現存し、本社社屋として使用されている（北原遼三郎『明治の建築家・妻木頼黄の生涯』）。

なお、辰野金吾は妻木の仕事を「妻木君の清廉潔白なる行為が内に建築界に大なる好影響を及ぼして居る。旧幕時代からの悪習慣、所謂《いわゆる》作事方一流の弊を打破して監督上清廉の範を垂れた、為に建築界に潔白な気風が流れる様になって来た。妻木君の部下から悪事を働き、刑法に触れたとか収賄《しゅうわい》を犯したとか云ふ人を出せしを耳にしなかったのは、妻木君の人格及清廉《せいれん》の然らしむる感化であると思ふ」（「妻木博士に対する諸家の追憶」）と高く評価している。

東京駅に外観が似ている旧盛岡銀行本店

東京駅の建築家として有名な辰野金吾と葛西萬司だが、すでに紹介したとおり、盛岡には

岩手銀行赤レンガ館（旧盛岡銀行本店）

東京駅と外観がそっくりな岩手銀行赤レンガ館（旧盛岡銀行本店）がある。

明治二九（一八九六）年に盛岡銀行は地元の実業家数人で営業を開始した。この建物の起工は明治四一（一九〇八）年のことで、明治四四（一九一一）年四月三〇日に竣工している。構造はレンガ造の二階・一部三階建てで床や屋根は木造、部分的に鉄骨を利用している。外壁は赤レンガタイル貼りで、白い花崗岩、屋根にそびえるドームや塔が重厚さを醸し出している。辰野金吾が設計した建築として、東北地方に遺る唯一の作品だ。

この建物のすぐ近くにはもりおか啄木・賢治青春館（旧第九十銀行）が現存しているが、第九十銀行が士族向けに創設されたのに対し、盛岡銀行は一般民衆向けに創設された。

東京駅が竣工するのは大正三（一九一四）年一二月三日のことで、盛岡銀行本店竣工の三年半ほど後だ。東京駅を完成させる前に辰野と葛西のコンビは盛岡銀行本店でさまざまな試みを行なったと推測できる。いわば、盛岡銀行本店は東京駅のミニチュア版、実験作ともいえる。

辰野葛西事務所がこの建物の設計を任されたのは、葛西萬司の養父である葛西重雄の縁による。重雄は当時古河鉱業会社の重役をしていたが、盛岡の経済界にも大きな影響力を有していた。

盛岡銀行は明治時代末期から昭和時代初期にかけ、盛岡の金融界で大きなシェアを誇っており、そのことにふさわしく、総工費一三万円、レンガ九一万個を用いてこの建物が完成された。

宮沢賢治の詩「岩手公園」

盛岡銀行には宮沢賢治の母方の叔父宮沢恒治が経営に携わっており、賢治のお気に入りの建物のひとつだった。

近年、盛岡城跡公園が愛称として定着しつつあるが、公園内には賢治の文語詩「岩手公園」の詩碑が建っている。

昭和八（一九三三）年九月二一日、満三七歳で亡くなる賢治だが、その直前八月二二日に「文語詩稿一百篇」の清書を終えている。「岩手公園」はその中の一篇で、「賢治の詩碑を岩手公園に建てる会」により、昭和四五（一九七〇）年一〇月二二日に詩碑の除幕式が行なわれた。

賢治は盛岡高等農林学校の最終学年（一九一七年四月～）、盛岡中学校に入学した七歳年下の弟清六とともに、岩手公園の近く、下ノ橋たもとの下宿で過ごした。「岩手公園」はその頃の情景を思い出して、詩に記したものである。

当時、盛岡には宣教師をしていたタッピングの一家が住んでいて、賢治と親しく交際した。賢治が英語が好きで、原書を読みこなしたが、タッピングから英語を習ったことが賢治を英語好きにしたとも推測できる。「岩手公園」には、次のように書かれている。

弧光燈にめくるめき
羽蟲の群のあつまりつ
川と銀行木のみどり
まちはしづかにたそがる〻

二〇一三年三月一四日、タッピング夫妻の孫、七七歳のケン・クラーク・タッピングさんが盛岡市を初めて訪れてゆかりの地を訪問した。

私は岩手大学内宮澤賢治センター事務局長の立場で、「岩手公園」の詩碑の前でケンさんに宮沢賢治とタッピング一家とのつながりについて説明した。ケンさんは祖父母から、宮沢賢治のことを聞いていたという。かつて英語を教えた教え子が日本を代表する作家になったことがうれしく、盛岡に訪ねることがあればその跡地を訪れたいと思っていたと語る。

「岩手公園」の詩は、高台にある盛岡城の跡地から見た光景を詩にしたものだが、私は賢治が見た光景と今の光景はそれほど変わらないのではないかと、ケンさんに説明した。付近を流れる中津川には今も秋になると、サケが遡上《そじょう》する。それは盛岡市民が自然環境を重視してきた賜物である。そうした趣旨の話をケンさんはにこにこして聞いていた。

詩の中で「川と銀行木のみどり」とあるが、これは盛岡銀行（現岩手銀行赤レンガ館）やすぐ近くにあった第九十銀行（現もりおか啄木・賢治青春館）を示している。当時これらの建物がある肴町《さかなちょう》周辺は岩手県随一の金融街だった。

建築設計事務所の草創期

明治三六（一九〇三）年八月一日、京橋区日吉町二番地（現銀座八丁目五）に辰野葛西事務所が開設された。建築設計事務所の先駆けのひとつだが、その時点で以下の建築設計事務所が存在した（設立年、名称、場所の順、伊藤ていじ『谷間の花が見えなかった時』）。

明治二一年　J・コンドル　東京
同右　A・N・ハンセル　神戸
明治二七年　遠藤於菟《おと》　横浜
明治二八年　茂庄五郎　大阪
明治三六年　横河民輔　東京
同右　辰野葛西　東京

辰野葛西事務所は六番目に記載されているが、明治一九（一八八六）年工部大学校閉校の際に、辰野金吾は唐津時代に近所に住んでいて五歳年下の友人太田時太郎を右腕として、辰野建築事務所を立ち上げたことがあった。渋沢栄一邸などを手掛けたが、仕事が続かず、事務所をたたみ、新設された帝国大学工科大学教授に就任している。

日本の建築界の大御所である辰野金吾でさえ、なかなか仕事が入ってこず、建築事務所を軌道に乗せるのがかなり大変だった。辰野は建築設計は民間でやるべきだという一家言をもっていた。

コンドルは辰野金吾の先生であり別格として、辰野葛西事務所は日本人による建築設計事務所の先駆けのひとつといってよいであろう。以後、赤レンガに白色のストライプが入り、賑やかなスカイラインを特徴とする「辰野式」建築表現が登場する（清水重敦　河村眞理『辰野金吾』）。

辰野金吾は大正八（一九一九）年に亡くなるが、没後白鳥省吾編『工学博士　辰野金吾傳』が発行された（大正一五年一二月二〇日）。

その本には、葛西萬司がまとめた辰野葛西事務所の建築実績が収録されている。それによると、内訳は①会社及商店建物一八件②銀行建物一四件③住宅及倶楽部の類一九件④学校校舎・図書館等一〇件⑤停車場建物三件⑥演技場・看物場の類七件⑦工場及倉庫二三件——であった。

松本與作が回想する辰野金吾

草創期の辰野葛西事務所に勤めたひとりに、松本與作《よさく》がいる。松本は第二次世界大戦後、連合軍総司令部に使われた第一生命館を設計したことで知られる人物だ。

伊藤ていじ『谷間の花が見えなかった時』は松本與作への聞き書きだが、当初松本へは給与がまともに支払えなかったという。

松本は工手学校（工学院大学の前身）の出身だ。工手学校は明治二〇（一八八七）年一〇月三一日、帝国大学総長として活躍した渡辺洪基《こうき》の発議により創立した。学校の形態は夜間教育で、授業時間は午後六時から一〇時までの四時間だった。辰野金吾は工手学校創立に携わっていて、造家学科教務主任を務め、三好晋六郎第三代校長が不在のときに校長代理を務めたことがあった（茅原《かやはら》健『工手学校』）。

松本は明治四〇（一九〇七）年七月一四日、第三六回卒業生として工手学校を卒業した。一八歳だった。辰野と工手学校で出会った松本は、卒業後すぐに辰野葛西事務所で働きはじめた。面接の際、辰野は松本に次のような言葉をかけた。

君はね、もし月給がほしいのだったら、ここへ来ても駄目なんだよ。ここは勉強するところなんだから。君は月謝を持ってくるのが当り前なんだよ。だけど昼飯だけは出してあげるから一緒に食べよう。だから君に本当に勉強する気があるのならついて来なさい。

工手学校は明治二一（一八八八）年築地に開校した。当初は帝国大学出身の技師を補助すべき技能工の養成を目的とした私立の夜学校だった。造家学科があり、辰野金吾や片山東熊、葛西萬司などが手弁当で教育に当たった。葛西は工手学校で、「家屋構造法」を講義している。

なお、映画監督として林芙美子原作『放浪記』『浮雲』などを手がけたことで知られる成瀬巳喜男《みきお》は工手学校中退。兄が鉄道技師で、自分も手っ取り早く技師になるつもりで入学したが、文学好きで図書館に通い小説ばかりを読んでいたという（茅原健『工手学校』）。

松本與作は辰野についていくことにした。松本の最初の仕事は、東京電灯会社の山梨県上野原発電所と変電所の設計だった。給料は満足に支払われなかったが、松本は乏しい給料をためて三橋四郎『和洋改良大建築学』を買った。上下二巻に分かれ、西洋建築史から構造・材料まで網羅していた。実務家向けのこの本を読むなどして、松本は建築について勉強した。

やがて、事務所は東京駅丸の内口（現千代田区丸の内二丁目）にある赤レンガのオフィスビルに引っ越した。事務所の様子を松本は述懐しているが、葛西萬司の机と椅子はあっても辰野の席はどこにも設けられていなかった。

というのも、辰野は明治三八（一九〇五）年、片岡安《やすし》と大阪に辰野片岡事務所を設立しており、東京と大阪を行ったり来たりしていたからだ。

片岡安は日本生命社長・大蔵大臣を歴任した片岡直温《なおはる》の女婿《じょせい》で、明治三〇（一八九七）年に東京帝大を卒業している。大正六（一九一七）年日本で初めて都市計画で学位を取得した人物で、関西建築協会を設立し、後藤新平が会長をつとめた都市研究会の主力メンバーとして活躍した（越沢明『東京の都市計画』）。

辰野葛西事務所があるすぐ近くには、設立したばかりで辰野と親しい曽禰達蔵と中條《ちゅうじょう》精一郎による曽禰中條事務所があった。この事務所はその後、民間の建築設計事務所として大きく成長することになる。代表作は慶應義塾大学「図書館旧館」である。中條精一郎の長女が、作家として活躍した宮本百合子だ。

辰野は一月のうち十日間くらいは大阪に出張していて、東京の事務所にいるときは、二階や一階の製図室で所員の報告を聞き、仕事の指示を出していた。

松本によると、辰野のやり方が決まっていて二百分の一は自分で書き、その後の細かい地図は所員にやらせ、最後の原寸は自分で書いた。

中央停車場の実施設計で経営が安定

辰野葛西事務所が移転してまもなく、明治四〇（一九〇七）年九月頃、辰野は一階の製図室に所員たちを召集し、こう告げた（伊藤ていじ『谷間の花が見えなかった時』）

中央停車場の設計契約が、ようやく本決まりになった。これで事務所も二、三年は大丈夫だから、君たちは安心して仕事をしてくれ。

中央停車場というのは、東京駅のことだ。東京駅の設計は明治三六（一九〇三）年一二月に、最初に辰野に依頼されたという。翌年の日露戦争勃発により中断を余儀なくされ、何度も案が練り直された（清水重敦　河村眞理『辰野金吾』）。

ともあれ辰野葛西事務所は東京駅の実施設計が本決まりになり、やっと一息ついた。経営の安定が見込まれたため、辰野は仕舞田屋《しもたや》（商店街の中にある、商売をしていない家）暮らしからビル暮らしへと事務所を移転したと推測される。

明治時代になり、鉄道による交通が普及する。当初は官設の新橋、日本鉄道の上野、甲武鉄道の新宿（後に飯田町）というようにターミナルが分かれていた。そんな中、第八代東京市長に就任した芳川顕正《あきまさ》が市区改正意見書の中で新橋や上野に代わる中央停車場の設置を唱えた。中央停車場は旧江戸城西の丸に建つ皇居（明治宮殿）と道路を介してつながることで、天皇のための駅と位置付けられた（原武史『歴史のダイヤグラム』）。

東京駅の工事は六年間を要し、材料は鉄骨以外は国産品を使用した。土工、レンガ工、木工、建具工、左官、石工など働いた職人は延べ六〇万三千人に達した（森まゆみ編『赤レンガの東京駅』）。完成した東京駅には見物客が押し寄せ、建物の壮観さに息をのんだという。

鉄道院総裁・後藤新平

明治四〇（一九〇七）年に中央停車場（開業時に東京駅と改称）の実施設計が決まったことでやっと、辰野葛西事務所の経営は安定した。

中央停車場の基本構造を設計したのはドイツ人の技師、フランツ・バルツァーである。バルツァーは明治三一（一八九八）年、逓信省《ていしん》に招かれて来日した。ベルリンを縦貫する市街高架鉄道の建設に携わった経験があり、来日時四一歳の熟練した技術者だった。バルツァーの提案した案は日本の伝統風のものだった。乗車客用と近郊ローカル線の降車客用、長距離線の降車客用の三つの建物の間に皇室専用の建物が入り、四棟に分かれた建物の屋根は瓦葺き風の入母屋型を採用、それぞれの出入り口は唐破風《からはふ》（そり曲がった曲線状の破風）用のデザインをしていた。この案に対して、辰野金吾は「西洋婦人が洋服姿で、赤毛の島田髷《まげ》に花カンザシをさして駒下駄をはいた」ようだと評した（林章『東京駅はこうして誕生した』）。日露戦争でロシアに勝利し、世界の先進国の仲間入りを果たした日本では、この日本風は喜ばれなかった。バルツァーは明治三一（一八九八）年に来日し、鉄道建設の技術顧問として五年間滞在した後、日本を去った。

バルツァーの後を引き継いだ辰野葛西事務所は駅舎デザインを和洋折衷《せっちゅう》から西洋式に改めた。すでに紹介したように、バルツァー帰国後に作成された市区改正実施に向けた新設計では東京駅から皇居へと通る道が計画され、皇室との関係が意識されるようになった。

後藤新平と鉄道院

当初の中央停車場に関する予算は四二万円と潤沢《じゅんたく》ではなかったが、明治三七（一九〇四）年日露戦争で日本が勝利したことで、二八〇万円余りと一挙に七倍に予算が拡充された。これは岩手出身の鉄道院総裁・後藤新平が「大国ロシアを負かした日本にふさわしい、世界があっと驚くような駅を」と強く希望したことによる。

後藤新平は安政四（一八五七）年六月四日、岩手県水沢（現奥州市）に生まれた。藩校立生館に学んだが、時の胆沢《いさわ》県大参事・安場保和に見込まれたことが飛躍のきっかけとなった。福島の須賀川医学校卒業後、二五歳の若さで愛知県立病院長兼医学校長に就任した。その直後、板垣退助との出会いがきっかけで政界入りをする。

内務省技師、衛生局長、台湾総督府民政長官となり、植民地行政全般に辣腕《らつわん》を振るった。その功績で貴族院議員に就任。明治三九（一九〇六）年初代満鉄（南満州鉄道）総裁、明治四一（一九〇八）年一二月には第二次桂太郎内閣の逓信《ていしん》大臣として鉄道院を発足させ、自ら総裁を兼任した。

新平は東京駅を日本の鉄道の中心駅としてふさわしい大規模な駅にしようとした。当時の常識を超えた、東京市内高架工事線建設工事もそのひとつだった。それまで蒸気鉄道だった山手線に初めて電車が走ったときはセンセーションを巻き起こしたという（北岡伸一『後藤新平』）。

鉄道に対する関心が深い新平は、三度も鉄道院総裁に就任している。新平は南満州鉄道（満鉄）で採用した「広軌」（国際標準軌）を国有鉄道にも採用しようとしたが、この計画は実現しなかった。同じ岩手出身の政治家・原敬は大正七（一九一八）年に内閣総理大臣に就任して以降、全国に鉄道網を張り巡らす政策を実施したが、採用したのは、「広軌」に比べ費用が割安の「狭軌」である。鉄道に関しては、後藤新平と原敬の考え方は正反対だった。

辰野金吾の補佐役に徹した葛西萬司

明治四一（一九〇八）年三月に起工した際には、地上三階建て（一部地下一階）、全長約三三四・五メートル、屋根の最高位置である棟高が三八メートルという巨大な建造物になった中央停車場は総工費二八〇万円をかけて、大正三（一九一四）年一二月一五日に竣工した。三日後の一二月一八日には、盛大に東京駅の開業式が開催された。このときに、総理大臣を務めていた辰野金吾と同郷・佐賀県出身の大隈重信《おおくましげのぶ》が祝辞を述べている。

この頃、辰野葛西事務所で働いていた松本與作によれば（伊藤ていじ『谷間の花が見えなかった時』）、中央停車場を担当したのは松井清足《きよたり》だった。松井は明治三六年に東京帝大を卒業した人物で、同期には佐藤功一、佐野理器《としかた》、大熊喜邦ら錚々《そうそう》たるメンバーがいた。

葛西萬司の仕事は松井より一段高い立場で、中央停車場を含めた、事務所として引き受けていた全体の仕事の統轄だった。葛西は、製図用紙に四〇〇分の一の碁盤《ごばん》目の赤い罫線《けいせん》を引き、その上に中央停車場のプランのスケッチを描いていたという。

辰野堅固といわれたほど仕事に厳しく、所員にも厳しかった辰野は、葛西にも容赦《ようしゃ》がなかった。松本與作によれば、辰野は「葛西さん、あんたは年をとるほど仕事が下手になる。もっと勉強しなさい」と言っていたという。

辰野が最も愛したのは相撲で、宴席ではいつも相撲甚句を唄った。唄うだけではなく、相撲を取るのも好きで、建築家仲間で一、二を争う強さだったという（河上眞理　清水重敦『辰野金吾』）。

辰野から激しく叱責《しっせき》された所員を優しく慰めるのが、葛西の役割だった。

葛西の後輩、清水組で働いていた清水釘吉は、次のように記している（『日本建築士』第三一巻第四号、昭和一七年一一月二〇日）。

同君は誠に精励家で居られた。寡言にして沈着、何を考へられても着実で、人に接するに親切丁寧であられた。また、非常な節制家であつた事は、私に夜分は普通の交際でも避けてゐられると漏らされた事を記憶して居ります。

動的な辰野金吾に対し、静的な葛西萬司の特徴をよく押さえた追悼文である。おそらく、ふたりとも自身の役割を自覚し、辰野は所員を叱咤《しった》激励するためにあえて葛西にも厳しく接したものと推測される。

レンガを構造材として使用

ところで、中央停車場ではレンガが構造材として使用されている。当初はコンクリート造になる予定だったが、コンクリート造は当時実際に使用された例に乏しく、辰野がコンクリートを使用することに躊躇《ちゅうちょ》したためだ。松本與作は所員を集め、辰野が次のように語ったと証言している（前掲書）。

あんなどろどろしたものが固まるコンクリートでは、構造材にはどうしても自信がもてない。もしかしたらあのコンクリートは固まらないかもしれない。やはり今までのように煉瓦の方がよい。煉瓦なら今までの経験もあって大丈夫だから。僕は確実な方を選ぶ。コンクリートはやめにして、煉瓦に変更してくれ。

かくして、東京駅では鉄骨構造体はコンクリートではなく、レンガで包まれることになった。鉄筋レンガ造はやがてつくられなくなり、関東大震災（一九二三年）後の構造は鉄筋コンクリート造に統一されてゆく（藤森照信『藤森照信の建築探検放浪記』）。

なお、東京駅の「赤レンガ」は明治二〇（一八八七）年に渋沢栄一が創立した日本煉瓦製造（埼玉県深谷市）のレンガが使用されている（小川裕夫『渋沢栄一と鉄道』）。

万世橋駅

辰野葛西事務所は東京駅を設計する以前、外観がよく似た万世橋駅を手掛けている。万世橋駅は明治四五（一九一二）年甲武鉄道（現中央線）の終着駅としてオープンした。だが、二年後の東京駅開業に伴い、通過駅に過ぎなくなり、次第に重要視されなくなった。やがて、一九二三年の関東大震災により崩れ落ちた。

万世橋駅は一九四五年に廃駅となり、その後は交通博物館として長く利用されたが、その後閉館した。二〇一三年に「マーチエキュート神田万世橋」がつくられ、当時の記憶を現代に伝えている。

葛西萬司の日常

盛岡から明治七（一八七四）年、一二歳の頃に上京した（一五歳で上京という説もある）。葛西萬司は昭和一七（一九四二）年に亡くなるまでほとんどの時間を東京で過ごした。

それでは、東京でどんな所に住み、どんな日常を過ごしたのだろうか。その件については、作家の森まゆみが葛西萬司の孫である葛西重哉、宮崎けい子にインタビューしている(『住宅建築』三三二号、二〇〇二年一一月)。そのインタビューをもとに紹介する。

葛西は上京した当初は築地辺《あた》りに住んでいたが、その後、明治二〇年代頃から麹町区三年町(現永田町一丁目)に二〇〇坪くらいの洋館の家を自身の設計で建てて住んだ。ふたりの孫が生まれたのはその家だ。

葛西夫婦には息子と娘がいたが、息子の方は幼くして亡くなった。重哉、けい子は長女フミの子どもで、ほかに庸子、堅二という弟妹がいる。一人娘のフミを葛西はとてもかわいがったという。フミが結婚するときの衣装はすべて葛西がデザインした。

孫に映る葛西は、温厚で控えめな人だった。西洋文化に詳しいはずなのに、自分からこれを作った、あれを作ったとは言わない。そうした性格だからこそ、辰野金吾の補佐役が務まったのかもしれない。

葛西はおべっかを言われるのが嫌いで、家に客を迎えることはなかった。社交嫌いでもあった。正月はシルクハットをかぶった洋装で、南部家の当主、朝霞宮、伏見宮、高橋是清など世話になっている人の家をさっさと回った後、京都で過ごすことが多かった。

また、葛西は歌舞伎や能などを観賞するのは好きで、毎週のように歌舞伎座や帝劇などに出かけていたという。

なお、麹町《こうじまち》区三年町の家は昭和一五（一九四〇）年、同郷で内閣総理大臣を勤めた米内光政に譲られたが、戦災により焼失した。

大正時代半ば、葛西は養父母を迎えるために、上中里に家を建てた。現存しているジョサイア・コンドルが設計した旧古河邸の近くである。葛西は旧古河邸の書庫を設計している。なぜ、古河邸の近くに建てたのかといえば、養父の葛西重雄が古河財閥で要職にあったためと、重哉は述懐する。旧古河邸は現在は東京都の所有となり、古河庭園として公開されている。バラなどの庭木が美しく咲いていて、多くの人々がこの庭園を訪れる。

上中里の家は六〇〇坪ほどあり、母家は元々あった農家の骨組みを使った和風の家だったが、葛西はそこにレンガ建ての洋館を設計して建てた。葛西には庭造りの趣味もあったが、コンドルが設計した古河邸と同じ庭師に依頼したという。

葛西はいずれ、洋間が日本に入ってくるからと実験的な試みをした。玄関を入ると下は二つの洋間があり、中はすべて葛西の紋所《もんどころ》の三つ柏がデザインされていた。カーテンやカーペットも三つ柏がデザインされていて、京都の川島織物に特注したものだった。メインは三〇人くらいは入れる応接間で、背もたれがない椅子が置いてあった。天井は格天井で、壁は素木でいろいろな彫物がしてあった。実験的に天井を照らすように間接照明になっていた。

もう一つの部屋には広い幅の階段があって、そこにも応接セットがあり、ふだんの客はそこで迎えていた。腰板はダークなマホガニーで、上のほうは人工マーブルを使用していた。その部屋にはピアノも置かれていた。

大正一四（一九二五）年に養父重雄が亡くなると、葛西は麹町の家を引き払い上中里の家に移り住んだ。

第三節　葛西萬司と原敬

長女が原敬の仲人で結婚

盛岡出身で東北で初めて内閣総理大臣に就任した原敬と葛西萬司の義父・重雄とは深いつながりで結ばれた。年齢は重雄のほうが七歳高いが、ふたりは幕末期に盛岡藩が設立した藩校作人館の先輩後輩であり、後年古河財閥を築いた古河市兵衛を介して個人的に親しくなった。

原敬は明治三三（一九〇〇）年一二月一一日、第一次伊藤博文内閣で逓信大臣に就任した。

東北出身で大臣に就任したのは原が最初である。戊辰戦争で敗れた東北出身者は明治新政府で冷遇され、しばらく活躍の舞台を与えられなかったが、原が風穴を開けたのだ。

原の最初の妻は薩摩出身の政治家・中井弘の娘貞子であったし、原は長州出身の井上馨《かおる》や伊藤博文に引き立てられ、出世の階段を昇っていった。薩長藩閥政治を批判し、日本で初めての政党内閣を組織した原敬だが、外部で批判するばかりではなく権力の中枢にまず入り込もうとする柔軟性があった。

日本で初めて総理大臣を務めた伊藤博文に信頼され、伊藤が設立した政友会発足に立ち合い、政友会の総務委員兼幹事長の地位に就いた原は、明治三五（一九〇二）年八月一〇日に行なわれた第七回衆議院議員選挙で初当選した。当時は制限選挙で、有権者は直接国税一〇円以上を納入している二五歳以上の男子に限られていた。当時の選挙は支部と郡部の二部制で、岩手県では盛岡市だけが独立区で定員一人、その他の地域は一括して定員五人の郡部選挙区である。

原は盛岡選挙区に出馬した。盛岡市の有権者は三〇一名だった。対抗馬は盛岡市長を経験した清岡等。当初は清岡が有利と目されており、東京朝日新聞は八月二日付の紙面で、清岡を当選見込みとした。これは原の立候補の決意が遅れたことも起因していた。当時原敬は政友会常務委員で全国に気配りする立場にあり、当初この選挙に出るつもりはなかった。

ところが、盛岡では第二代盛岡市長を務めた清岡等のみが立候補を表明しており、有力な対立候補がいなかった。そのことを危惧《きぐ》した政友会岩手県支部が原敬に立候補を要請、原は承諾し、選挙に出場することにした。その前の段階で原は清岡に政友会入りを求めたが、断られたいきさつもあった。原はぜひとも盛岡選挙区で政友会が議席を占めなければならないと考えた。

とはいえ、盛岡市長を務めた清岡の地盤は固く、立候補の決意が遅れた原陣営は苦戦を伝えられた。そうした中で、葛西らは原のために奔走し、清岡の支持者を切り崩すことに成功、八月一一日に開票が行なわれた結果、原敬一七五票、清岡等九五票、無効二票で原の圧勝に終わった。

以後も原は選挙に勝ち続け、七回連続当選した。そのこともあり、原は葛西重雄に恩義を感じていたようだ。

原が選挙で戦った清岡等は一八六三年、盛岡で生まれている。父行三の仕事の関係で少年時代を秋田で過ごし、後に旧制秋田中学校となる太平学校を卒業した。一八八二年から一八九四年まで岩手県に勤めた後、一八九四年に初代目時定孝の跡を継いで、盛岡市長となり、一九〇一年まで七年間盛岡市長を務めた。宮沢賢治が学んだ盛岡高等農林学校を誘致したのは清岡である。原に選挙で敗れた後は、盛岡電燈会社社長などを務め盛岡市の近代化に貢献した。

葛西萬司は明治二二（一八八九）年に神《じん》タキと結婚し、明治二四（一八九一）年に長女フミが生まれている。フミは大正六（一九一七）年菱沼堅三郎（婿養子）と結婚したが、その際の仲人は原敬だった。原との縁は、萬司にも及んだ。葛西は娘夫婦の媒酌人を務めた原敬にちなみ、初孫に敬子と名付けている。

東京駅で暗殺された原

原との縁は続いた。大正七（一九一八）年、九月二九日、原は第一九代内閣総理大臣に就任した。全国に鉄道網を整備したり、高等教育機関を充実させたりといった藩閥政府にはできなかった政治を原は行なったが、現職中の大正一〇（一九二一）年一一月四日、中岡艮一《こんいち》という青年に暗殺された。満で六五歳の生涯だった。

大正一〇（一九二一）年一一月一一日、原敬が東京駅で暗殺された七日後に盛岡で盛大な葬式が行なわれたが、葛西重雄はもちろん参列している。

東京駅丸の内南口の改札口近くには、「原首相遭難現場」の銘板がある。

まさか、葛西萬司は自身が建築設計に関わった東京駅で、縁が深い原敬が暗殺されるとは想像しなかったに違いない。

原敬の菩提寺は盛岡市にある大慈寺である。大正一三（一九二四）年、原敬と原の死の翌年に他界した妻アサの位牌《いはい》を納めるため大慈寺に原家位牌堂が建造されたが、葛西萬司はその設計を担当した。葛西が設計した原家位牌堂は解体され、現在は改築されている。

1 column

宮沢賢治が学んだ日本初の高等農林学校
現岩手大学農学部附属農業教育資料館

盛岡には数多く歴史的建造物が存在するが、岩手大学農学部附属農業教育資料館（旧盛岡高等農林学校本館）は一九九四年に国の重要文化財に指定されていて、宮沢賢治が学んだことでも知られている。

盛岡高等農林学校（現岩手大学農学部）は明治三五（一九〇二）年、日本で初めての高等農林学校として創立され、翌年開校した。本館は明治四五（一九一二）年五月に着工し、翌年一二月に竣工した。青森ヒバを利用した木造二階建て（正面三一・八メートル、側面一四・六メートル）の洋風建築で、外壁は下見板張り（ヨーロッパ系の板張りで水平に張るタイプ）、寄棟《よせむね》造りの屋根はスレート葺きである。工事の設計監理は文部省の営繕組織で働いていた技手の谷口鼎《かなえ》が担当した。明治期に設置された国立専門学校の中で現存する数少ない学校建築だ。

当初一階は校長室や事務室、会議室として使用され、二階は大講堂として使用された。老朽化を理由に取り壊しが検討されたが、同窓生らにより保存を求める声が高まり、修理が完了した一九七八年からは岩手大学農学部附属農業教育資料館として使用されている。館内には創立以来の歩みが展示され、宮沢賢治関連の資料も充実している。得業（卒業）論文や恩師・関豊太郎に宛てた手紙、同人誌『アザリア』などが展示されていて、賢治の学生生活を偲《しの》ぶことができる。

明治維新の際に倒幕の中心となったのは薩摩（鹿児島）、長州（山口）、土佐（高知）、肥前（佐賀）であり、明治政府はこの四県の出身者により主導された。その結果、敵対勢力であり、戊辰戦争に敗れ賊藩の汚名を着せられた東北地方は、西日本に比べ、産業の振興やインフラの整備が著しく遅れた。

その遅れを取り戻すべく、地元の岩手県や盛岡市の熱心な請願が実り、創設されたのが盛岡高等農林学校だった。

明治三六（一九〇三）年一月一五日、鹿児島県出身で東京帝国大学農科大学教授を務めた玉利喜造が初代校長に就任した。制定された学則には、以下の内容が盛り込まれている。

一　本校は農学、林学及び獣医に必要なる高等の教育を施す所とす。
一　本校に農学科、林学科、及び獣医学科を置きこれを本科とし別に研究生及び選科生を置くことあるべし。

岩手大学農学部附属農業教育資料館

各学科の就業年限は三年である。同年五月一日に授業が開始された。入学を許可されたのは農学科、林学科各三〇名、獣医学科二七名の合計八七名（実際の入学者は八四名）だが、これは二三六名の志願者から選抜された人々である。日本初の高等農林学校だけあって、全国各地から志願者が殺到した。

宮沢賢治は大正四（一九一五）年から大正八（一九一九）年まで、農学科第二部（後の農芸化学科）の本科生として、卒業後は研究生として在籍した。

色白で、人をひきつける笑顔の持ち主だったという。成績が優秀で、級長や特待生を務めた。

賢治が卒業した盛岡中学校（現盛岡第一高等学校）は県下の秀才が集《つど》ったが、交遊は岩手県内に限られる。盛岡高等農林学校の場合は全国各地から集まってくることもあり、賢治の精神世界は大いに広がったことだろう。とくに山梨県出身の保阪嘉内、鳥取県出身の河本義行、栃木県出身の小菅健吉とは親しかった。童話作家・詩人として有名な賢治だが、盛岡高等農林学校時代は文芸同人誌『アザリア』を媒介に盛んに短歌を作っている。そうした活動の一端を農業教育資料館の展示からうかがうことができる。

旧盛岡高等農林学校本館と同時期（一九九四年）に、国の重要文化財に指定されたのが門番所である。これは開校時（明治三五年三月設置）の建築と推定されている。正門脇に建てられたもので、正面が八角形の事務室、後方に方形の突出部（和室・事務室）が取り付いた凝《こ》った造りが特徴である。この建物も国の重要文化財に指定されている。

第二章　葛西萬司と盛岡

第一節　葛西萬司と南部家

辰野金吾没後は単独で設計事務所を経営

葛西萬司は辰野金吾の右腕として、地道に仕事を続けた。あまり自己主張をせず、実直で仕事を黙々とこなす葛西は、辰野堅固といわれるほど厳しく、自己主張も強く日本に西洋流の建築制度を定着させようと努力した辰野金吾にとって、格好のパートナーだったと推測できる。

葛西は明治三七（一九〇四）年には日本建築学会副会長に就任した。大正四（一九一五）年には工学博士が授与され、早稲田大学や工手学校（工学院大学の前身）に教鞭《きょうべん》を執ることもあった。辰野金吾というバックを頼りにして、建築業界の中で地歩を固めることができた。

辰野金吾の長男・辰野隆《ゆたか》は明治二一（一八八八）年生まれで、フランス文学者として大成した。東京大学での教え子に太宰治や小林秀雄がいる。隆は葛西萬司に対し次のような追悼文を寄せている（「葛西博士を悼《いた》む」）。

博士は清高の君子であった。聞を求めず利を追はず、超然として朝市に隠るゝ大隠の槩

があった。嘗て学位を得られたのも決して自発的ではなくして、周囲の具現者がその学識造詣を認めて推挽したがために、博士も知己の厚誼を甘受した自然のなりゆきであった。

大正八（一九一九）年三月二五日、頼りにした恩師・辰野金吾が亡くなった。六六歳だった。葛西は、単独で建築設計事務所を経営することになった。

南部家別邸

葛西は昭和二（一九二七）年に清水組（現清水建設）に勤めていた田中實とコンビを組み、葛西田中建築事務所を作るが、それまでは単独で仕事に当たった。活躍の舞台は専《もっぱ》ら、故郷盛岡だった。

葛西萬司は岩手の経済界のドンとして君臨《くんりん》した養父葛西重雄の恩恵を十分に受けていて、重雄の関係で各種銀行建築のほか、盛岡に建てられた重要な建造物に設計者として携わった。

葛西萬司が関わった最も古い建造物は盛岡市愛宕町にある盛岡市中央公民館の別館として利用されている南部家別邸である。かつては南部盛岡藩主だった南部家の別邸として使用されており、一千坪の庭園がかつての姿を偲《しの》ばせている。

明治二二（一八八九）年鴨澤萬司は親戚である葛西重雄の養子となり葛西萬司となり、萬司は神タキと結婚するが、タキの生家も盛岡藩士の家系だった。葛西萬司は盛岡藩のネットワークに支えられ、人生を切り拓いていった。

養父の葛西重雄は財閥である古河家で重要な地位を占めるようになり、萬司の仕事のパトロンとして貢献した。南部家別邸も葛西重雄のおかげで仕事に関わったと推測される。

盛岡市中央公民館

南部重信と薬草園

現在の盛岡市中央公民館は、今から三〇〇年以上も前、盛岡藩主南部重信が薬草園を築いたことに始まる。

重信は和歌をたしなみ、儒学を好み、農学や茶道に対する心得もあり、画筆も巧みであった。

重信が作った謡曲「岩手山」が今に伝わっている。重信は新田開発にも積極的に取り組んだ。名君といってよいだろう。

盛岡藩政時代には、家屋が建てられた。南部利幹《としもと》が藩主の時代（在位：一七〇八～一七二五年）には能舞台や回廊ができ、池が作られた。今も美しい庭園が残っているが、京都のカエデを移植して絶景の地にしたとも伝えられる。

安政五（一八五四）年から文久三（一八六三）年には盛岡藩校作人館の講義所が設けられ、藩士の子弟を対象とする教場として使用されたこともあった。

江戸幕府が瓦解し、戊辰戦争で敗れたために、盛岡藩主は東京での生活を強いられた。一四代藩主南部利剛《としひさ》の長男で最後の藩主となる利恭が帰郷し盛岡市外神子田《みこだ》に宿泊していた際、別邸新築の話が持ち上がった。明治維新の際に従来の建物が取り壊され、庭も荒れたままになっていたのである。

南部利淳が別邸を計画

廃藩置県後、明治一七（一八八四）年に発足した華族制度により旧藩主には伯爵《はくしゃく》が与えられたが、東京住まいを強制され東京に本宅を新築した。盛岡では神子田の田屋を別邸とし、利剛の妻・明子《はる》（正式名：松姫）が謹慎し住まいしていた。明子は水戸徳川家・徳川斉昭《なりあき》の六女で、第一五代将軍・徳川慶喜の姉だ。松姫が盛岡に輿《こし》入れ（嫁入りすること）した際、その居所を神子田に作り、紫波稲荷を篤《あつ》く信仰したと伝えられる。

そのこともあり、神子田の町人からは「荷姫様《なりひめ》」とも呼ばれるようになった。盛岡藩政が終了すると、松姫は居所を移したが、盛岡での墓参りの際の私邸として利用したが、手狭なこともあり、荒れ果てたままだった旧下小路に新築することになった（渡辺敏男『盛岡の洋風建築』）。

明治三九（一九〇六）年、南部利恭《としゆき》の長男利祥《としなが》が亡くなった後、若くして家督相続した利淳《としあつ》（伯爵）が計画して下命、明治四一（一九〇八）年木造平屋建ての別邸は完成したが、御出入大工の戸澤勘太郎が設計し、葛西萬司が建物の監修を担当した。明治三九（一九〇六）年といえば、辰野葛西事務所が立ち上がって日が浅い時期で、その最初の仕事として葛西萬司はこの仕事を担当したと推測される。

興味深いのは、南部家顧問として原敬が助言していることで、原は門から玄関までを広くとることを提言した。将来の自動車使用に備えてのことだ。建物は本格的な御殿風数寄屋《すきや》で、式台のある格式の高い玄関、庭側に二つの書院造の座敷がある。その後改造されたため、当初あった奥向きの部分は現存していない（勝部民男『盛岡の和風建築』）。和洋折衷が建物の大きな特徴となっている。

葛西萬司は原敬の死後、大慈寺境内《けいだい》に原家位牌堂を設計するが、原とは南部家別邸の監修を通しても知り合っていた。

長岡安平が庭園を設計

日比谷公園の設計者である長岡安平が岩手公園開設の際、盛岡を訪れた折に立ち寄り、回遊式の庭園に設計した。現在、池の周囲には吉野桜、モミジなどが植えられ、美しい枝を張っている。夏はスイレン、秋はモミジ、春は桜と四季折々に花を楽しむことができる。

庭園東側の一隅にある茶室は昭和三四（一九五九）年一〇月、遺族である原貢《みつぎ》から「白芳庵」と名付けて寄贈された。原敬ゆかりの地に保存されるようになった。

南部家別邸は大正天皇、今上天皇の宿泊にも利用され、庭園内にはそのことを記念して松が植樹された。

明治四一（一九〇八）年新築したばかりの南部家別邸を皇太子（後の大正天皇）が東北行啓の折に盛岡を訪ねた際、南部鉄瓶の鋳造工程の展覧が行なわれた。それが全国紙に紹介され、南部鉄瓶が全国的に知られるようになった。

戦後は米軍に接収されたりして荒れ果てていたが、現在は盛岡市中央公民館としてお茶会などのイベントが開催され、市民に親しまれる空間となっている。「旧南部家別邸主屋」は平成二五（二〇一三）年に、「旧南部氏別邸庭園」は平成二六（二〇一四）年に、それぞれ国の登録有形文化財に指定されている。

葛西は自己顕示欲に乏しく、交際嫌いの萬司は家に客を迎えることがなかったし積極的に人の家を訪ねることもしなかったというが、盛岡藩士の家系だという意識は亡くなるまでもっていたようだ。

第二節　葛西萬司と金融界

信用組合の発展

葛西萬司は辰野金吾が大正八（一九一九）年に亡くなって以後、昭和二（一九二七）年に田中實と共同経営になるまで約八年間、単独で設計事務所を経営した。その舞台はもっぱら、盛岡だった。これは養父葛西重雄が盛岡の財界で力を持っていたためで、そのことは設計の受注に大きく貢献した。大正一四（一九二五）年に重雄が亡くなると、萬司がその後を継ぎ、岩手銀行の取締役に就任している。

明治三三（一九〇〇）年九月、山県有朋《ありとも》内閣のときに産業組合法が公布施行されて、全国各地に産業組合ができた。

盛岡市内ではこの法律により、明治三五（一九〇二）年に盛岡染職業組合などが発足、次いで中野信用組合が設立された。

明治三三年の凶作に続き、この年も凶作で、岩手をはじめとする東北地方は農村が疲弊《ひへい》し、商工界も大変な低迷期にあった。

元々、盛岡では、江戸時代から無尽講などさまざまな貯金・相互扶助を目的とした同志の組織が多く存在した。そうした慣習は明治時代にも継承され、無尽会や貯蓄会が存在した。

そうした中、盛岡市助役だった関定孝の助言により、明治三五年実業界の貯金会組織の有志が結束して、産業組合法に基づいた庶民金融の機関として信用組合が発足した。同年一二月、同市内丸にあった料亭に高橋伊兵衛・鈴木多一郎・松田儀八・金沢友次郎・高田清助・太田徳治・阿倍秀三らが参集して信用組合の創設を協議し、定款《ていかん》の作成を決めた（吉田義昭『盛岡　明治大正昭和「事始め百話」』）。

第一回総会は翌年一月二一日に生姜町《しょうが》（現肴町）の杜陵館《とりょう》で開催され、議事諸案件が承認されて、高橋伊兵衛は組合長に選出され、理事七名、監事三名が選ばれた。

出資金は一口二〇円。ただし、一年以上の割賦《かっぷ》払い（何回かに分けて代金を払うこと）制だった。明治三六年次経営報告資料によると出資数二五二口、出資金総額九、〇四〇円。払込金二、二四八円。組合員数は二三七名に達した。

創業当時、一般の人々は組合に対する理解が乏しく、従来の無尽講と誤解された。そのため、当初は事業資金が足りず、高橋組合長や理事らは組合員獲得に奔走、大変な苦労の連続だった。

事務所は当初、肴町の松田儀八理事宅に置かれたが、やがて六日町の高橋理事長宅に間借りした。大正八（一九一九）年には六日町角に本店用地を購入し、翌年に独立した事務所を設けるようになった。

盛岡貯蓄銀行

一方、葛西萬司が関わった盛岡貯蓄銀行は大正一四（一九二五）年に設計、昭和二（一九二七）年一二月一七日に竣工し、一二月一九日に開業した。この銀行は大正一〇（一九二一）年貯蓄銀行法の制定により、貯蓄を兼営していた盛岡銀行その他が別に貯蓄銀行を設立する必要に迫られ、岩手県の斡旋《あっせん》で新設されたものだ。

盛岡信用金庫(旧盛岡貯蓄銀行)

日本銀行、盛岡銀行など葛西は、それまでも銀行建築を手掛けた経験があった。この建物は鉄筋コンクリートを基本とした二階建て、一部に中二階、中三階をもっている。外壁はレンガ造で花崗岩を使用している。デザインは新古典様式で、内部はアールデコ（幾何学的図形をモチーフにした記号的表現などの装飾美術。一九一〇年代から一九三〇年代にかけて欧米を中心に流行した）でまとめている。しばしば葛西が辰野金吾と共同で設計した盛岡銀行本店（現岩手銀行赤レンガ館）と比較される。

辰野金吾が日本銀行を設計する際にギリシアの神殿をイメージし、外壁に御影石（花崗岩）を使用したことはすでに紹介したが、盛岡貯蓄銀行の外壁にも御影石を使用したのは恩師である辰野金吾の影響かもしれない。

日清戦争（一八九四年）、日露戦争（一九〇四年）の勝利により景気が上向き、日本では産業の振興が進み、資金需要が増大するに伴い、銀行金融の増資が行なわれた。

とはいえ、第一次世界大戦後、大正九（一九二〇）年から始まる世界的な不況、昭和四

（一九二九）年の世界大恐慌は全世界的なパニックを引き起こした。日本国内においては大正一二（一九二三）年の関東大震災、それに続く昭和二（一九二七）年の金融恐慌などの一連の出来事は岩手県の金融界にも大きな悪影響を及ぼし、業績不振な銀行同士の合併はさらなる経営悪化を引き起こした。

そうした中で、庶民の零細《れいさい》な預金を専門に取り扱う盛岡貯蓄銀行は存続し、岩手県内における産業の近代化に貢献した。

盛岡貯蓄銀行は昭和一八（一九四三）年に解散し岩手殖産銀行の所有になったが、昭和三三（一九五八）年に盛岡信用金庫に譲渡された。現在も本店として使用されている現役の建物で、葛西萬司が単独で設計事務所を営んでいた時代の代表作である。

第三節　葛西萬司と三田義正

映画館が多い街・盛岡

盛岡市は映画愛好家の多い街だ。大通には「映画館通り」といわれる通りがあり、映画が斜陽産業といわれる現代でも、映画館が軒を連ねている。かつては二〇〇メートル以内に一一館も集中するにぎわいだった。

以前には毎年秋に盛岡で「盛岡ミステリー映画祭」が開催され、「映画館通り」の周辺は外部から訪ねて来る人々でにぎわった。

葛西萬司は映画館の設計にも携わっている。清水建設にいた田中實と葛西田中建築事務所を開いていた時代で、代表作は盛岡大通映画劇場（中央映画劇場）である。

盛岡が生んだ代表的な実業家に三田義正がいる。萬司の養父・葛西重雄と縁が深い人で、その縁で映画館の設計にも携わることができた、といってよい。葛西重雄と三田義正には、原敬の選挙を支えたという共通点がある。

三田義魏

三田義正は文久元（一八六一）年四月二二日、盛岡で生まれた。父義魏《よしたか》、母キヨの長男であり、キヨは九人の子どもをもうけたが、そのうちの二人は早死にした。岩手医大を創設した三田俊次郎は弟である。

義魏は盛岡藩士だったが、戊辰戦争で敗れた盛岡藩がその責任を取って筆頭家老・楢山佐渡が盛岡の報恩寺で処刑された際に、上司の命令に従って警護の任に当たっていたのが義魏だった。義魏は楢山佐渡が処刑される際、佐渡に「刻限にて御座候」と呼びかけたという。容貌が佐渡と似ているため、身代わりとして自身が処刑されることを望んだが叶《かな》わなかったともいわれている（三田弥生『明治＝岩手の医事維新―医師・三田俊次郎の挑戦―』）。気骨ある人物だった。

なお、戊辰戦争で敗れた盛岡藩は白石への転封《てんぽう》を余儀なくされるが、義魏は家族を残し、一人白石に転住した。白石から戻った義魏は身も心も憔悴《しょうすい》し、家族に辛く当たったという。明治維新で盛岡藩が消滅し、岩手県になったとき、義魏は警察官になった。明治一〇（一八七七）年の西南戦争の際に西郷軍鎮圧のため巡査隊が募集されたが、義魏はこれに応じ新撰旅団第八大隊の半隊長として従軍している（藤井茂『三田義正』）。

三田義正

義正は勉学に勤しみ、進学した仙台の宮城英語専門学校では、同郷の冨田小一郎や中原貞七らとともに学んでいる。このうち冨田小一郎は盛岡中学校（現盛岡第一高校）で石川啄木を教えたことで知られている。

義正はこの学校で教育の大切なことを学び、さらに学問を続けた。上京し、農学者津田仙の経営する学農社農学校で熱心に学んだ。この学校は津田が幕末の頃、明治時代初期実業家として名を成した五代友厚《ともあつ》に従ってアメリカやオーストリアを視察後、東京府下の麻布区本村町の屋敷を開放して設立した日本で初めての私立の農学校である。津田仙は津田塾大学を創立した津田梅子の父親としても有名である。

その後、義正は岩手県庁に勤め、勧業世話係として学農社農学校で学んだ新しい農法や作付けを指導したが、明治一六（一八八三）年に県庁を退職し、県からの下請けである山林会社「養立社」を設立、植林事業などに携わった。翌明治一七年には県議会議員に立候補して当選を果たしている。

義正は経営者に転じた結果、製糖業を営んで失敗し、巨額の負債を抱えたこともあった。明治一九（一八八六）年のことだ。この年、父親の義魏が五〇歳に満たずに亡くなったことも失意を増幅《ぞうふく》させた。

三田商会の設立

その後、義正は県議会議員などで活躍した後、明治二七（一八九四）年、盛岡市加賀野磧町の自宅に「三田火薬販売所」を開設した。同年には日清戦争が起こっている。この事業は時流に乗って成功を収めた。

義正はさらに明治三〇年代、北海道の産業構造が水産業から農業に移行することを見据えた上で、岩内郡共和町小沢の土地を国から借り受けて「三田牧場」を開設し、優良軍馬を生産した。これが現在まで続く三田商会の牧畜事業の発端である（三田弥生『明治＝岩手の医事維新―医師・三田俊次郎の挑戦―』）。

県議を落選したこともあり義正は実業に専念し、成功を収めた。現在でも、三田商会は盛岡を代表する会社のひとつである。

盛岡市大通・菜園地区を開発

盛岡の中心地である大通り・菜園地区は三田義正が開発を手掛け、盛岡の街づくりに大きく貢献した。それ以前、盛岡の中心地は肴町地区であり、駅からは三〇分ほどかかる。盛岡銀行本店、第九十銀行などの金融機関が肴町地区に建てられたのはそのためである。

盛岡駅に近い大通・菜園地区は元々田圃《たんぼ》が広がっていて、盛岡藩主だった南部家が土地を所有していた。石垣がある岩手公園（愛称：盛岡城跡公園）付近はかつて「お菜園」と呼ばれ、盛岡城で使う野菜や薬草を栽培する畑が広がっていた。亀ケ池近くの御田屋清水は大奥のお茶用の水だった。周辺は明治時代になっても水田でカエルが鳴き、ホタルが飛び交う田園地帯だった。現在デパート川徳がある辺りは明治時代初期に競馬場、後に県立農学校ができ、桑畑など実習地になっていた（川村等『いわて経済夜話』）。

三田義正と原敬

現在の大通、アートホテル盛岡の辺りの古川端にはかつて原敬の別荘・介寿荘があった。原は帰省するたびにここで郷里の人々と語るのを楽しみにしたが、周囲は田や藪《やぶ》が広がっていて、盛岡駅から介寿荘に行く道はとても狭かった。義正は原の選挙を応援したこともあり、そうした事情を知っていた。そのことも菜園や大通りの市街地につながったのかもしれない。

なお、義正が最後に原と会ったのは大正一〇（一九二一）年八月一三日のことで、介寿荘でのことだった。その二か月半後の一一月四日、原は葛西萬司が設計に関与した東京駅で暗殺された。

南部家所有の田圃を市街地に

大正一五（一九二六）年のある日、南部家家令が南部利淳伯爵の名代《みょうだい》として肴町の金物・

建材店主池野三次郎に、菜園にある約二万坪の南部家所有の田圃を一括して買い取るなら払い下げてもよいという相談をした。池野は本家の木津屋池野藤兵衛に相談、藤兵衛はその話を鉱山用の火薬、セメントなどで富を築いた三田義正に持ち込んだ。義正は、「いい機会だから払い下げを受け、埋め立てて市街地に分譲しよう」と提案した。

義正は盛岡駅に近い菜園地区を有望と判断し、埋め立てて道路を整備し、住宅地や商店街として活用することで話をまとめた。南部家と交渉の末、総坪数二万二、一九五坪（七万五、七五七平方メートル）、総額二五万五、五〇〇円（現在の一億五、五五〇万円に相当）、坪当たり一一円一五銭で購入することが決まった。

昭和二（一九二七）年八月二五日、義正は資本金一〇〇万円で南部土地株式会社を設立し、代表取締役に就任した。取締役には池野藤兵衛など七人が就任した。南部家の持っていた土地をほぼすべて埋めたて、大規模な市街地を形成しようとする公共性の大きい事業だ。

工事は翌年一月一八日より開始され、北上川と中津川の合流地点から砂利採取船を使って土砂を取り、機関車によって運搬した。埋立地の幹線道路として、現在の大通と映画館通がつくられた。この道路は昭和四（一九二九）年に市道として寄付されたため、駅から河南への交通の利便が図られた。

葛西萬司は設計者として、その一翼を担うことになる。

盛岡大通映画劇場を設計

三田義正は南部土地会社社長として上京した昭和一〇（一九三五）年に、日本劇場に出かけた折、映画の集客力に注目した。日本映画が勃興期を迎えていた時代である。

当時、盛岡の映画館といえば、生姜町の紀念館と大手先の内丸座があったくらいで、映画事業は未知数の時代だった。大正時代には映画館ではなく、「活動写真館」と呼ばれていたが、盛岡はこの分野では後《おく》れていた。大正四年に紀念館が開館するまで、東北の県庁所在地で常設活動写真館がまったくないのは盛岡だけだったのだ。それゆえ、映画事業に乗り出そうとする義正に取締役の多くは反対したが、義正は熱心に彼らを口説いた。義正は映画先進地の視察を池野三次郎や千葉省二郎に命じた。二人は、映画の将来性に関して、宝塚歌劇団創立者の小林一三に尋ねている。

義正はそれからわずか半年余りで、盛岡大通映画劇場を作り上げた。昭和一〇年夏のことだ。

建築設計を担当した葛西萬司や田中實はおそらく、大急ぎでの仕事を余儀なくされたことだろう。構造は日比谷映画劇場を参考にしてつくられたという。

盛岡では最初の冷暖房完備の映画館で、オープンに先駆けて義正は館名を公募した。その結果、中央映画劇場として開場、約半世紀にわたり「映画館通り」のメイン劇場として営業した。不安の中のスタートだったが、開館後映画は大人気で、当初の不安はすぐに消し飛んだ。義正は中央映画劇場の隣に第一東方劇場を、さらに中央ホールをというように映画館を林立させ、周辺は映画館が建ち並ぶエリアとなった。

残念ながら、中央映画劇場は昭和五九（一九八四）年に解体された。葛西は昭和九（一九三四）年に竣工した三笠映画劇場、昭和一三（一九三八）年に竣工した盛岡第一映画劇場の設計も担当したが、いずれも解体されている。

三田義正が『原敬日記』に登場

三田義正との縁で映画館をつくることができた葛西萬司だが、義正は原敬と縁があった。義正が『原敬日記』に初めて登場するのは、明治四三（一九一〇）年六月三日だが、それ以前から盛岡を代表する実業家である義正と原の関係はあった。

明治三五（一九〇二）年八月、第七回衆議院選挙に原は盛岡から立候補した。当初は対抗馬である清岡等が有利だったが、その際に義正は原の選挙を応援している。

市会議員や県会議員だった義正は議員を辞め、実業に専念していたが、原を全面的に支援し、精力的に動いた。結果は原が一七五票、清岡が九五票と原の圧勝だった。

一週間後、東京の原から義正に封書が届いた。このたびの選挙での協力に心から感謝する。そういった内容だった。

やはり盛岡の実業人だった、葛西萬司の養父・重雄も原に協力し、原を当選させた一人だった。

葛西重雄と三田義正はともに、原敬のために選挙戦を戦った。

そのこともあり、義正は重雄の女婿《じょせい》である萬司に映画館の設計を依頼することになったのである。

原が東京駅で暗殺された後、葬式が故郷盛岡で盛大に開かれたが、葬儀には重雄と義正が揃って参列している。

岩手育英会を創設

大正一〇（一九二一）年一〇月、経済人として成功を収めた三田義正は貴族院多額納税議員に当選した。

その頃から、義正は学校を創設しようという考えに至った。すでに明治三一（一八九八）年一〇月、義正は岩手育英会を創立し、人材育成に努めてきた。当初は義正のほか、弟の三田俊次郎、冨田小一郎ら五人の発案で育英同志会として設立され、それぞれ毎月二円ずつ出資して運営したほか、県内からも多くの出資者を募《つの》った。奨学生第一号は仙台の旧制二高で学び、後に岩手中学校校長を務めた鈴木卓苗で、多くの人材を育英会から輩出した。一九九一年には事務局が盛岡市教育委員会に移管され、設立百二十年を経た現在でも毎年数人に奨学金を貸与している。

義正は自身が実業で得た金をさらに教育に投資し、人材育成に生かそうと思った。

冨田小一郎と石川啄木

義正の教育熱に影響を与えた友人のひとりに、冨田小一郎がいる。すでに紹介したように、冨田は育英同志会の設立者の一人だ。冨田は安政六（一八五七）年、岩手郡浅岸村（現盛岡市）に、盛岡藩士の二男として生まれた。盛岡藩校作人館を経て、官立宮城英語学校（後の宮城県立仙台中学校）に学んだ。義正とはこの学校で知り合い親しくなった。

その後、冨田は上京して、郵便汽船三菱商学校を卒業後に帰郷、岩手県師範学校に予備教員（助教諭）として赴任した。

明治二四（一八九一）年、三三歳の冨田は岩手県尋常中学校（盛岡中学校の前身）に赴任した。冨田が教えた明治二四年からの一〇年間は盛岡中学の黄金時代と呼ばれ、野村胡堂、金田一京助、石川啄木などの俊秀が輩出した。

石川啄木は、一年から三年まで冨田が担任だった。文学に熱中して、勉学をおろそかにしはじめた啄木を冨田はよく叱《しか》った。とはいえ、愛情のこもった叱り方で、啄木は冨田に親しみを感じていた。啄木は亡くなる二年前、明治四三（一九一〇）年に最初の歌集『一握の砂』を出版するが、その歌集には冨田を詠《よ》んだ一首が収められている。啄木にとって、冨田は生涯忘れられない恩師となった。教育者として優れていた冨田を語る格好のエピソードである。

岩手中学校（現岩手高校）を創設

義正の教育に関する代表的な仕事は岩手中学校（現岩手高校）の創設である。大正一五（一九二六）年二月一一日、岩手中学校と育英資金を含む財団が設立された。中学校設立資金一〇万円、母キヨ名義の育英資金二万円、合計一二万円の財団法人で、理事長には義正が就任した。理事兼校長には鈴木卓苗、ほかに理事として盛岡高等農林学校長鏡保之助、盛岡市長北

岩手中学校（現岩手高校）校舎
（写真提供：岩手中・高等学校）

田親氏、海軍大将栃内曽次郎が就任するという順調な船出だった。

当時、岩手県内には盛岡中学、一関中学、福岡中学、遠野中学、黒沢尻中学の五校の中学校があったが、まだ不足していた。そのため、岩手県で初めての私立中学である岩手中学校の創立は歓迎された。

同年四月二二日、最初の岩手中学校の入学式が行なわれ、一〇六人の生徒が入学してきた。一週間目に行なわれた入学試験には二四六人受けたというから、二、三倍の難関を潜《くぐ》り抜けた生徒たちだ。入学者のうち盛岡地区が五五人と最も多かったが、岩手地区、紫波地区のほか、他府県からも四人入学してきた。

太田達人と夏目漱石

義正は岩手中学校の教師獲得にも力を入れた。その一人は数学を教えた太田達人である。太田は旧制一高、東京帝大を出た秀才で、夏目漱石と親しく付き合った人だ。漱石の『硝子《ガラス》戸の中』という小説に太田は、Oという頭文字で登場する。岩手中学校では、太田の息子定康も英語を教えている。石川啄木を教えたことで名高い冨田小一郎と義正は親しかったが、冨田を通して太田達人を引っ張った。定康は東京帝大文学部を出たばかりで、親子で岩手中学を支えた。

太田達人は夏目漱石に関し、「漱石は何処か私と合う所があったらう。江戸っ子の彼に東京の友人がなかった。私が真砂町にゐた時分、夏目君は早稲田の喜久井町にゐた。その頃東京大学で始めて両国橋の下にプールを作ったものだ。それで可なり遠いが、毎日二人で出掛けた」（太田達人「汽車を陸蒸気といったころ」）と述懐している。

三田義正と新渡戸稲造

昭和二年一〇月五日、盛岡出身の国際人新渡戸稲造が岩手中学校で講演した。「先駆の精神について」と題して話した新渡戸は、義正のパイオニアスピリットに魅せられた一人だった。

新渡戸が一九〇〇年に出版した『武士道』は世界的なベストセラーとなり、その後新渡戸は東京帝大や京都帝大で教壇に立ち、国際連盟事務次長として活躍した。自ら先駆者として活躍した新渡戸は、岩手で初めての私立中学を創立した義正に敬意を表し、忙しい中、講演に駆け付けた。

その後も岩手中学校は発展し、現在は岩手高校となったが、葛西田中建築事務所が設計した建物が一部現存している。

大正一五（一九二六）年岩手中学校を創立した義正だが、現存するのはその二代目の建物である。義正の後を継いだ義一の時代に移転新築された。

この建物の要所に鉄筋コンクリート造防火間仕切りなどの設備が設けられたが、昭和五二（一九七七）年の火災によりほぼ焼失した。

葛西が担当した建物では、当時の講堂（現柔道場・卓球練習場）のみが現存する。

三田義正は昭和一〇（一九三五）年一二月三一日、七四歳で亡くなった。墓は盛岡市の久昌寺にある。

第四節　葛西萬司と三田俊次郎

岩手病院を創設

葛西萬司は義正の弟・俊次郎とも建築設計者として付き合った。岩手医科大学の創設者である。三田俊次郎もまた、葛西重雄や兄の三田義正とともに、原敬の選挙を支えた人だった。葛西萬司は養父の重雄が原敬と関係が深い縁で、三田俊次郎からも設計の仕事を得たのである。

三田俊次郎は文久三（一八六三）年盛岡市に盛岡藩士・三田義魏《よしたか》の次男として生まれた。長男が実業家として成功した義正である。

盛岡市内の下橋小学校を経て代用教員をしながら独学を続けた俊次郎は、明治一三（一八八〇）年、岩手医学校に入学し、医学を修めた。俊次郎がいつ岩手医学校に入学したかは不明で、明治一三（一八八〇）年一二月に「解剖学第一期卒業候事　岩手医学校」とあることから、明治一三年には在籍していたことは確かである（三田弥生『明治＝岩手の医事維新―医師・三田俊次郎の挑戦―』）。

俊次郎が入学した岩手医学校は明治九年七月、仁王村内丸（現盛岡市中央通）に盛岡医学校として盛岡病院とともに設立された。俊次郎が学んだ当時、岩手医学校は四年、八期に分かれていた。授業には書籍を用いず、教師が自ら口授《こうじゅ》した。毎週土曜日に小試験、一学期ごとに定期試験があり、総点数の五分の三以上得点しないと及第にならなかったという。明治一八年六月三日付で、俊次郎は同校助手に採用されている。

俊次郎は明治一九（一八八六）年、医術開業免許状を取得した。

明治二〇（一八八七）年四月一日南閉伊《へい》郡病院長に、翌年岩手病院医員として勤務した俊次郎に試練が待っていた。明治二二（一八八九）年三月、岩手県が岩手病院を廃止し、解雇されることになった。

俊次郎はそのことを機に、東京帝国大学医科大学選科で眼科学を学んだ。恩師の河本重次郎は海外体験が豊富で、当時日本眼科医界の第一人者だった。河本は俊次郎が助手として残ることを希望したが、俊次郎は郷里に戻った。

明治二四（一八九一）年に盛岡市内加賀野で眼科医院を開業した。東京帝大で新技術を学んだことが評判となり、三田眼科医院はとても繁盛した。当時、東北地方ではトラホームや白内障患者が多くいて、俊次郎はそうした手術に力を発揮したという。

俊次郎の関心は眼科に留まらなかった。明治三〇（一九九七）年に私立岩手病院を創立し、理事長に就任した。昭和三（一九二八）年に岩手医専（岩手医大の前身）を創設して理事長・校長となっている。

岩手病院の前身は俊次郎が勤務した県立岩手医学校である。岩手県が廃止してから復活の動きはあったが、実現できないでいた。

俊次郎は敷地と建物を借用して病院を開設することを県議会に働きかけた結果、一〇カ年貸与されることになり、私立岩手病院が誕生した。岩手病院開設には妻利佐の父三浦自祐が資金援助をした。

俊次郎は自ら院主兼眼科部長に就任したが、副院長に利佐の弟の三浦直道を、院長に杉立義郎を迎えた。杉立は東京帝国大学医科大学付属医院在勤のままドイツに留学、帰国後は愛知医学専門学校に赴任する予定だったが、初任給二〇〇円という破格の待遇で俊次郎が招き入れた。杉立は東北で一番の外科医という評判を呼び、診察を乞《こ》う患者が引きも切らなかった。

岩手産婆学校、岩手看護婦養成所を開設

俊次郎は岩手病院開院と同時に、私立岩手産婆学校、岩手看護婦養成所を開設し、病院の職員を医学講習所に派遣するなど、人材の育成にも努めた。伝染病が発生した地域に出かけて防疫《ぼうえき》の指導をするなど、地域医療にも大きく貢献した。

当時、医学校に医療関係者養成施設を併設した例はあまりなかった。時代に先駆けたチーム医療の実践が盛岡で始まったのだ。

一方、明治三二（一八九九）年二月から施療部を設け、貧窮者の治療にも配慮することができるようになり、病院経営は軌道に乗りつつあった。

そんな矢先、明治三四（一九〇一）年三月、北条元利知事は県有財産の一部売却の方針を示し、

俊次郎が一〇年間借用した病院の敷地・建物に対する契約を破棄、購入できなければ他に売却すると伝えてきた。払下げ金額は敷地代金四、九六二円余、建物三、〇三七円余、書籍・機械等二四五円余、合計で八、二四四円余である。

俊次郎は払い下げを申請した。これにより敷地・建物は私有となったが、多くの借金をしたため、返済に苦慮することになった。

関定則を後継者に

明治三五（一九〇二）年には、俊次郎にとってショッキングな出来事があった。妻の利佐が病死したのだ。まだ、三五歳の若さだった。

利佐が最も気にかけたのは、後継者のことだった。三田医学奨励会第一回貸費生で盛岡市長関定孝の弟で、当時東京帝大医科大学助手だった関定則に白羽の矢が当たった。俊次郎も希望したが、関定則は利佐の望みを受け入れ、養子に入った。

三田定則は一九〇九（明治四二）年から一九一二（大正元）年にかけフランスやドイツに留学し、研鑽を積んだ。帰国後は岩手医学専門学校校長のほか、台北帝大総長などを歴任した。

一八八七年ポーランドの眼科医ザメンホフが発表した人工国際語エスペラントに関心を寄せた

視野の広い人だった（柴田巌・後藤斉編『日本エスペラント運動人名事典』）。

小泉テルと再婚

明治三六年一月、俊次郎は小泉テルと再婚した。テルは東京女子高等師範学校を卒業した才媛《さいえん》で、東京府立女子師範学校教諭兼東京府立第二高等女学校教諭の職に就いていたが、結婚後は岩手産婆看護婦学校で教えて、俊次郎を助けた。二人の間にはトシと俊定が生まれ、後に俊定は岩手医科大学学長に就任している。

テルは女子教育にも大きな関心を抱き、大正一〇（一九二一）年、私立盛岡実科高等女学校を設立している。現在の岩手女子高等学校である。

敷地・建物を私有するようになってしばらくは、経営危機が続いた。

それでも、俊次郎は当時まだ一般に普及していないレントゲン装置をドイツから購入し、職員を積極的に研修に参加させるなどして医療技術の向上に努めた。

岩手育英会の発展に貢献

長男義正もそうだが、母キヨの質素・倹約の精神は俊次郎にも受け継がれた。岩手病院を巡視した俊次郎は包帯、ガーゼ、脱脂綿《だっしめん》が捨ててあると洗濯場に持っていって再生させ、木綿糸が一メートルも落ちていると、つないで大きな玉にして再利用した。キヨは岩手医病院をときどき見て回り、掃除が行き届いているかを確認し、行き届いていないことを確かめると、自宅から手製の雑巾《ぞうきん》を届けたという。

キヨは倹約家だったが、決してケチな人ではなかった。コツコツ貯めた金を資金にして、「積錙《せきし》育英会」を作っている。「錙」とは重さの単位で、わずかの金を積み立てた、の意味である。

キヨの奉仕の精神は息子たちに引き継がれ、長男の義正と次男の俊次郎は明治三一（一八九八）年、ともに岩手育英会の発起人となった。明治三三（一九〇〇）年、俊次郎は独自に「三田医学奨励金」を創設している。

俊次郎は社会福祉への関心も強く、病院開設当初から施療部を設けて貧困者の無料診察をしたり、結核患者のサナトリウムや精神病患者のために岩手保養院を開設したりしている。

その間、岩手県議会議員として六期連続当選し、地方自治に参画したほか、兄義正とともに岩手育英会の発展に努めた。

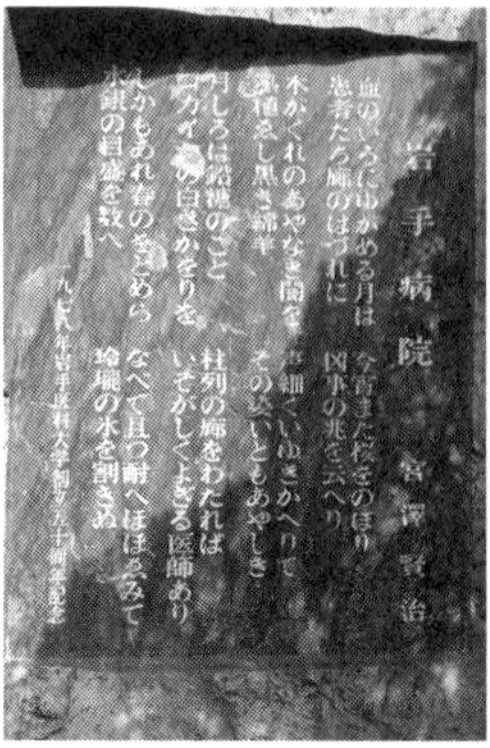

宮沢賢治「岩手病院」詩碑

宮沢賢治と岩手病院

岩手病院は宮沢賢治と縁があることでも知られている。賢治は盛岡中学校（現盛岡一高）卒業直後の大正三（一九一四）年四月、岩手病院（現岩手医科大学附属病院）に入院した。肥厚性鼻炎の手術を受けた結果、熱を出し、疑似チフスの疑いもかかった。

そのため、一〇日間の入院予定が延びて、三〇余日の入院加療となった。このとき、賢治はある看護婦へ思慕を寄せ、多くの短歌を詠んでいる。

たとえば、こんな歌である。

十秒の碧きひかりの去りたれば　かなしく　われはまた窓を向く
まことかの鸚鵡のごとく息かすかに　看護婦たちはねむりけるかな
われひとり　ぬむられずぬむられず　まよなかの窓にかゝるは　赭焦げの月

賢治には「岩手病院」という詩があるが、その頃の思い出を詩にしたものだ。昭和五三

（一九七八）年六月八日、岩手医科大学創立五〇周年を記念して、岩手医科大学医学部玄関傍に詩碑が建てられた。佐藤慶三書・高橋石材店刻である。

なお、岩手医専の発展の陰には、実業家として成功した兄義正の援助があった。

葛西萬司と三田俊次郎

葛西は養父重雄が岩手経済界の実力者であり、大正一五（一九二六）年に重雄が亡くなった後に岩手銀行取締役に就任している。そうした関係で、三田義正・俊次郎兄弟とは親しくなった。

現存する岩手医科大学一号館（旧岩手病院診療棟）は鉄筋コンクリート造三階建てだが、竣工が大正一五（一九二六）年と盛岡市内で現存する最も古い鉄筋コンクリート造の建築物である。工事費用は七万円かかっている。

この診療棟は俊次郎が火災をおそれたため、設計途中で鉄筋コンクリート造に変更された建物で、一年以上の工期を経て完成した。俊次郎は医療人にとってリベラルアーツや学問的基礎が大切だという考えを持っていて、病院内には総合図書館を開設した（まちの編集室編『てくり』第二八号）。

明治三八（一九〇五）年、盛岡にも電力が入った。電灯が導入されたことで火災の恐れは

岩手医科大学1号館

幾分弱まったが、病院全体を不燃性にしなければ完全ではないとし、不燃性を重視した故にコンクリートが採用された。階段は建物規模の割にゆったりとした幅で無理なく行き来できるように工夫されている。竣工時には多くの来賓《らいひん》を招いて落成式を行なったが、当時は盛岡市内随一の高層建築で、屋上からは盛岡駅が見えた。なお、かつて屋上にあった鐘楼は昭和三三（一九五八）年の四階増築の際に撤去された。

　この建物は葛西萬司が単独で建築設計事務所を運営していた頃の建物である。

　岩手病院は外科、内科、婦人科、耳鼻科、眼科、歯科、X線科を擁する総合病院として発展を遂げた。

　そんな中、大正七（一九一八）年九月、盛岡出身の原敬が東北出身者としては初めての内閣総理大臣に就任した。

　原内閣の業績は多々あるが、その一つは教育の振興である。当時文部省は医学教育は大学で行なうという方針を示していたが、内務省などは医学の向上よりも診療を目的とした多数の医師の養成が必要だと主張し、修業年限を短縮した医学専門学校が常設されることになった。

俊次郎はその流れに乗り、昭和三（一九二八）年に財団法人岩手医学専門学校（岩手医科大学の前身）を創設した。

昭和三年二月二六日付の岩手毎日新聞は「岩手医学専門学校は、昨年末同病院隣接地に校舎を建て認可出願中のところ二月一四日を以て文部省から設立認可された」と紹介記事を書いている。

最初の入学志願者は九九六名で、入学者は一五六名だった。

俊次郎はその校舎・附属病院も葛西に依頼した。この頃には葛西は清水建設をやめた田中實とともに建築設計事務所を構えていた（葛西田中建築事務所）。このうち、かつての岩手医科大学附属病院二号館が現存している。この建物は昭和七（一九三二）年に竣工したもので鉄筋コンクリート造五階建て、蛇腹の開閉する常用エレベータが設置されるなど当時としては最新の設備を備えた病院だった。

二〇一九年九月、「岩手医科大学附属病院」は矢巾町に移転した。岩手医科大学は盛岡市近郊の矢巾町への移転を進めており、葛西萬司が設計した一号館は記念館として遺される予定だが、附属病院本館だった二号館がいつまで存続するかは予断を許さない。

三田俊次郎は昭和一七（一九四二）年九月一三日、八〇歳で亡くなった。岩手の医療事業発展に尽くした生涯だった。

第五節　葛西萬司と盛岡聖堂

徳川幕府と湯島聖堂

聖堂といえば、東京都文京区にある湯島聖堂が有名だが、寛永九（一六三二）年冬、徳川幕府の儒臣林羅山が上野忍ヶ岡の邸内に孔子廟《びょう》を建てたことが発端である。徳川御三家の一つ尾張家の始祖徳川義直は、これを助けて孔子の聖像と顔子・曽子・子思・孟子の四賢像や祭器等を寄付し、「先聖堂」の扁額《へんがく》を書いて与えたという。孔子は今から二、五〇〇年ほど前の中国、春秋時代に学者思想家として活躍した人物だ。

孔子が生きた時代、中国にはいくつかの国があり、その中の一つ「魯《ろ》」に仕えた。その後魯を去り、多くの門人を引き連れて七〇余りの国を訪れ、自身の考えを説いた。晩年は教育や著述に専念し、五経（詩経、書経、易経、礼記、春秋）を編纂《へんさん》したといわれている。四書の一つである「論語」は孔子の発言や行ないをまとめたものだ。

孔子は「儒家」の祖として有名だ。「儒学」は政治・道徳の学問で、仁（思いやりの気持ち）、礼（感謝の気持ち）などを基本として国をどう治めたらよいか、を説いている。日本で孔子の教え＝儒学が一般化したのは江戸時代である。徳川幕府が儒学を幕藩体制の思想的支柱として扱うようになった影響で、藩学（藩の学校）でも、国を治める重要な学問として儒学が教えられるようになった。

元禄三（一六九〇）年、五代将軍徳川綱吉の時代には、廟殿を神田台（現在の湯島）に移転した。さらに「先聖堂」の扁額が飾られた先聖殿を大成殿と改称し、付属の建物を含めて聖堂と総称した。以後、聖堂はたびたび火事に見舞われ、再建を繰り返した。

聖堂の中に昌平黌《しょうへいこう》（昌平坂学問所）が置かれたのは、寛政九（一七九七）年のことだ。その後、昌平黌は江戸幕府の学問の中心として機能した。明治維新を迎え西洋の文化が移入され、次第にそれが優勢になるが、江戸時代までは中国の学問、とくに孔子の教えに端を発した儒学が学問の中心であった。

盛岡聖堂と瀬山陽吉

幕末期には、盛岡藩にも「作人館」という藩学があり、「神廟」と書かれていた場所に孔子像が祀られていた。この孔子像は盛岡藩主・南部利剛（一八二七―一八九八）が京都で製作させたもので、木彫り（材質は檜《ひのき》）で彩色が施されている。孔子像は昭和五五（一九八〇）年に、盛岡市指定文化財になっている。

明治維新後、盛岡藩は消滅したが、孔子像は盛岡に新たに作られた聖堂の中に保存されるようになった。そのことを巡るエピソードを紹介する。

盛岡市見石《みるいし》にある盛岡聖堂は昭和一一（一九三六）年に建てられたものだが、現存する。葛西田中建築事務所が設計した建物である。

出かけてみると、リンゴ畑が周囲を囲む小高い丘の上にあり、ひっそりと建っていた。おそらく、訪れる人がほとんどいない、忘れられた建物である。

この聖堂の建立に尽力した瀬山陽吉の祖先に瀬山命助という人物がいて、吉田松陰と接点があった。まず、瀬山命助について紹介する。陽吉が命助の影響を受け、儒教に関心を抱いたゆえに建立した建物であるからだ。

瀬山命助は文化四（一八〇七）年、盛岡藩下屋敷のある江戸麻布に生まれた。父は命助資福《すけとみ》、母はみので、弟に門治がいる。幼名は寿五郎である。

文政九年（一八二六）年、命助（寿五郎）は東条一堂の塾に入門した。文政一一（一八二八）年、父の後を継いで御留守居見習いとなり、命助と名乗るようになる。天保元（一八三〇）年九月、御留守居本役となった。俸禄は約百石（二百十両）。

盛岡藩の江戸屋敷詰めの御留守居役だった瀬山命助は役目柄幕府や他の藩との折衝《せっしょう》役となり、抜群の手腕を発揮した人だ。中でも天保の大飢饉の際、盛岡藩内は大変な飢餓の危機にあったが、佐賀藩から肥前米を買い入れるために奔走し、その米を船便で藩内に届けたことは有名だ。

そうした手腕は藩外にも聞こえ、後に吉田松陰が盛岡に命助を訪ねるきっかけとなったと推測される。

とはいえ、正義感の強い性格が災いした。

江戸で東条一堂に学んだ命助は、吉田松陰の親友・江帾五郎（後の梧楼《ごろう》）の兄、春庵と同様直諫《ちょっかん》の士で、天保五（一八三四）年、盛岡藩主利済《としただ》が盛岡に下向する際、侍女多数を伴うことに諫言したことがあだとなり、翌年御役御免となり、盛岡に護送された。

天保一〇（一八三九）年には家禄を取り上げられ、逼塞《ひっそく》を命じられている（長岡高人『南部藩士　瀬山命助物語』）。

正義直諫の士だった命助は、それ故に藩主にへつらう上司同僚からねたまれ、二九歳の若さで御留守居役を辞職しなければならなかった。

瀬山命助は三一歳のときに罪人同様の扱いを受け、江戸から盛岡に送られた命助は、何の取り調べもないまま、二年間も親類宅に預けられた。

瀬山命助と吉田松陰

盛岡聖堂の建立者である瀬山陽吉の祖父・瀬山命助は、吉田松陰との関係で歴史に名を残した人だ。

吉田松陰は嘉永五（一八五二）年三月一一日、会津、新潟、津軽を経て、宮部鼎三《ていぞう》と連れ立って盛岡を訪れている。ふたりがなぜ、盛岡に立ち寄ったのかといえば、江幡春庵の遺族を訪ねるためだ。

松陰は天保元（一八三〇）年八月四日、長州藩の萩に生まれた。幕末の思想家として名を馳せた松陰はこのとき、二一歳。宮部は松陰の一〇歳年上だった。江戸で砲術と蘭学を佐久間象山に学んだ松陰は、東北の海岸に異国船がしきりに出没していると伝え聞き、藩主の過書（通行手形）を持たず、脱藩して東北の旅に出た。

春庵は、盛岡藩の御家騒動に巻き込まれた。藩主利義《としとも》が一年余りで隠居したことに疑問を覚え、調べてみると、無理に隠居させられたとわかった。まだ、正式に発表される前だったので、決まらない前に幕府にひそかに運動してみようと考えた春庵は国元にいる同志と連携し、甲斐守（利義）が隠居願を出しても許可にならないよう、幕府に運動を始めた。

当時盛岡藩では賢明な利義の相続を嫌った若年寄兼勘定方支配石原汀《みぎわ》らが実権を握っており、春庵らの動きに目を光らせていた。利済の長子利義は早くから英才という評判があり、水戸斉昭や島津斉彬《なりあきら》らとの交際もあった。もし利義が藩主となり藩政改革が行なわれたら、自らの地位が危ない。そう考えた石原汀らは、利義の退位を断行した。首謀者の一人として、春庵は嘉永三（一八五〇）年八月二七日、盛岡に送られた。そして、九月二〇日、揚り屋（未決囚を収容する牢房のこと）で死んだ。三三歳だった。長町の天福院には塩漬けにされた春庵の遺骸が葬られた。同志はいっせいに検挙され、家禄の没収や閉門の憂き目にあった。

吉田松陰らがまず訪ねたのが、この騒動に連座した村井京助で、後年尾去沢銅山事件で有名になる鍵屋茂兵衛《もへえ》である。鍵屋は巨万の財力をもった賢人で、その名は勤王志士の間で広く知られていた。

翌日、山陰村（今の茶畑）にいる春庵の遺族を訪ねた。五郎が元気でいると伝えると、母親は涙ぐんで喜んだ。もう死んだものと思っていたという。

さらに、二人は長町の天福院を訪ねた。住職の泰順和尚は留守だったが、寺の者に教えられ、春庵の仮葬場へ行くと、塩漬けのまま逆埋めにされていた。周囲には板塀が張りめぐらされ、拝むにも拝めなかった。

二人は続いて、三月一二日見石《みるいし》村の瀬山命助を訪ねている。松陰らは親友の江帾五郎から、命助のことを聞いていたと推測される。

命助は春庵の事件に連座して自宅禁固の身の上だった。嘉永三（一八五〇）年三月六日、瀬山命助・門治兄弟は「吟味の筋あり、他出すべからず」との藩命が出た。ふたりは同年一一月一日に見石村に家を建てて、移転している。松陰らが訪ねたのはその家だ。

命助は自然を相手に悠々自適の生活を送っていたが、藩命により会うことができなかった。障子を隔てながら、名残惜しくふたりと別れた。ふたりは命助のことを五郎から聞き及び、訪ねたく思ったと推測されるが面会はかなわなかった。

そのまま盛岡を去ったふたりだが、帰りに津志田の遊郭を通っている。財政が厳しいのに、藩主の利済《としただ》は奢侈《しゃし》を極め、遊郭まで作ったのだ。盛岡藩の悪政ぶりを目の当たりにした松陰は日記に「南部の地は多くの良馬を産し天下に名あり、而してその利の多くは官にありて民にあらず」と書き留めている。

松陰らが訪ねた瀬山命助が安政六（一八五九）年六月二〇日、亡くなった。五三歳だった。現在、盛岡聖堂がある辺りを吉田松陰と宮部鼎蔵が歩いたと考えると、時代をタイムスリップしたような、何やら不思議な気持ちになる。

盛岡聖堂を建立する瀬山陽吉は安政六（一八五九）年一〇月二三日、瀬山資愛《すけちか》の二男として生まれた。命助の孫にあたり、家督《かとく》を継いだ。

盛岡聖堂建立への動き

葛西田中建築事務所に盛岡聖堂の設計を依頼した瀬山陽吉は明治一三（一八八〇）年、岩手県小学初等科教員検定試験に合格して、小学校教員になり、盛岡小学校、中野尋常小学校などで教えた。

この間、明治一二年六月から一九年一〇月まで盛岡藩校だった旧作人館で助教授を務めた太田代恒徳《おおだしろつねのり》の私塾に通学して、公務の余暇に漢籍を学んだ。

太田代恒徳との出会いが、盛岡聖堂建立のきっかけとなった。

江戸時代、盛岡藩では、藩士の子弟に文武の教育を施す目的で、藩校明義堂を設けた。その後、藩校の学制改革があり、和漢一致・文武不岐の教学精神の下で、名称を作人館と改め、修文所・昭武所、医学所を設けて文武医学の教育を行なった。

その際、和漢一致の教学精神の象徴として、構内に神廟を建て、日本の神とされる大己貴命（大国主命）と中国の聖人である孔子を合祀《ごうし》した。

盛岡聖堂には木造の孔子像がまつってあるが、それは元々盛岡藩校作人館にまつられていたものだった。京都でつくらせて神廟にまつられていた。

盛岡藩は戊辰戦争に敗れたことで作人館は休校を余儀なくされたが、明治三（一八七〇）年に再開され、新たに洋学所が設けられた。ところが、この際に政府の文明開化の方針により和漢学から洋学へと教育の重点が移され、明治四（一八七一）年には和漢学が休業、もっぱら洋学だけの「盛岡洋学校」に転換した。

その際に和漢学の教授は免職になり、旧作人館の神廟にまつられていた孔子像も廃棄される運命にあった。

その方針に嫌気がさし多くの教官や学生がやめた。後に物理学者として大成した田中舘愛橘《あいきつ》もそのひとりだった。

田中舘は作人館をやめて太田代恒徳に師事し、太田代塾で漢学の授業を受けた。孔子像は太田代恒徳に託されることになった。

太田代塾はしばらく続いたが、やがて塾生が減少し、ついには瀬山陽吉ひとりとなった。明治一九（一八八六）年に太田代は東京に去ることになり、孔子像は瀬山陽吉に託された。

盛岡に残された瀬山は孔子像をまつるため、何とかして聖堂を建立《こんりゅう》しようと有志をつのって運動を重ねた。その運動が実り、聖堂建立に結びついた。

大正四（一九一五）年頃から有志により聖堂建設に当たっての運動が開始されたが、当初は思うようにお金が集まらなかった。そのため、昭和八（一九三三）年一一月、聖堂建設会を組織し、南部伯爵を総裁、石黒英彦岩手県知事を顧問とした。趣意書を作成し、盛岡市内はもとより、岩手県内や県外の関係者にも募金した。その結果集まった四、〇〇〇円ほどで建設に着手することになった。なお、聖堂建設会の発起人には三田義正、三田俊次郎など地元の有力者のほか、県外からは葛西萬司も名を連ねている。

聖堂建立趣意書

「聖堂建立趣意書」には経緯が次のように記されている。

徳川幕府に至り、儒教ますます隆盛を来し、江戸湯島に聖堂を建て教学を勧奨し、年次釈奠祭祀の盛儀あり。諸藩みなこれに倣《なら》う。わが南部藩もまた明義堂を建て、聖像を安置し、儒臣をして経義を講ぜしむ。慶応二年（一八六六）これを作人館と改め、専《もっぱ》ら文武医を学ばしむ。藩主しばしば臨校し、学風はなはだ盛なり。のち藩主利剛公に至り、学田を賜り学則を定め、ますます奨励するところありしが、明治維新に際し作人館廃せらるるに及び、大助教太田代恒徳先生に聖像を賜う。

先生すなわち私塾を開き、聖像を奉安し、教導に努む。その間、京阪に歴遊し、あるいは高野山に教鞭をとり、または福岡会輔社に聘《へい》せらるることあり、のち明治十九年（一八八六）伊勢の皇典講究所に移らるるに際し、門人瀬山陽吉に聖像を伝う。

陽吉、先生に師事すること八年、その薫陶《くんとう》を受くること、もっとも厚し。後年、門生陽吉ただ一人となりしも、先生教導ますます懇切をきわむ。その情、親子もただならず。いまなおその余影を拝す。陽吉、先生の遺志を継ぎ、聖像を私宅に安置し、典儀をつづくること四十九年。その間、つねに聖堂を建立し、師恩に報いんことを志し、造次《ぞうじ》も忘るることなし。

旧盛岡藩士の協力を得て実現

恩師太田代恒徳から孔子像を託された瀬山陽吉は、聖堂を建立するために大々的な運動を展開した。

その結果、南部家第四四代当主南部利英《としひで》の全面的な協力を得て、旧盛岡藩士出身者を中心に建立資金約四千円を集めることができた。葛西萬司は聖堂建設会の発起人、顧問として、この事業を支援した。

盛岡聖堂

盛岡藩士の家系に生まれたこともあり、葛西萬司に設計が依頼されたが、付近は元々葛西館と呼ばれていた。戦国時代に勢いが衰えた葛西氏だが、天正（一六世紀後半）以後は南部氏の客分として居住することになり、やがて南部氏に仕えることになった。

葛西萬司はそうした経緯も関係してか、無償で設計図を提供している（昭和九年）。和漢折衷にデザインされているのが特徴で、台座には御影石が使用されている。

聖堂建設に当たっては、地元の青年団を中心に多くの人々が勤労奉仕を買って出たという。

徳川家達が聖堂建立を後援

聖堂の建設には、徳川家第一六代である徳川家達《いえさと》（公爵）も後援し、資金二〇〇円を寄付している。葛西に関しては、昭和一一（一九三六）年の「聖堂建立の由来」に次のように書かれている。

これ第一期計画に満たざること遠しといえども、ひとまず本堂を建築せんこととし、本邦建築界の権威にして、本会顧問たる工学博士葛西萬司氏に託したる設計に基づき、本村請負人吉田与八氏工事の衝にあたり、鉄筋コンクリート造りとなし、本年五月八日地鎮祭を執行して、工事に着手せり。かくして月を閲《けみ》すること四、工程遂に完成することを得たり。すなわち作人館伝来の聖像を安置し、十月二十五日を卜して聖像竣工式ならびに聖像鎮斎式を挙行せんとす。

湯島聖堂と伊東忠太

瀬山陽吉によれば、孔子像をまつっている廟社は盛岡聖堂のほかに、全国で一二あるだけである。すなわち、湯島聖堂、仙台孔子廟、水戸孔子廟、大正殿孔子廟（神奈川県）、足利学校孔子廟（栃木県）、田丸町孔子廟（三重県）、閑谷黌《しずたにこう》（岡山県）、孔聖神社（香川県）、白木聖廟社、多久聖廟（ともに佐賀県）、長崎聖堂正殿、那覇文廟である。

そのうち、湯島聖堂は、元禄三（一六九〇）年徳川五代将軍・徳川綱吉の時代に上野不忍《しのばず》池から湯島に孔子廟を移したのが始まりである。近くの坂を昌平坂と呼んだことから後年、昌平坂学問所が創られ、多くの俊秀が全国の各藩から学びに集まった。

現在の御茶ノ水駅近くにある建物は伊東忠太と文部省建築課が設計したものだ。伊東忠太は慶応三（一八六七）年山形県米沢市生まれ。帝国大学工科大学で建築を学んだ。当時の主任教授が日本の建築界のいしずえを築いた辰野金吾で、辰野の教え子である葛西萬司とも接点があった。湯島聖堂は一九三四年竣工。施工は大林組と松井組が担当した。鉄筋コンクリート造、平屋建ての建物である。

現在、かつてその美しさから「白亜の聖堂」とも呼ばれた盛岡聖堂は果樹園の中にひっそりと存在する。訪れる人もあまりいないらしく、付近は閑散としていた。建物の由来を示す看板もなく、忘れられた建築物といえるかもしれないが、葛西萬司が設計した貴重な建物であることは間違いない。

第六節　消失した建築物

松屋デパート

現代は情報技術の発達により、地方にいても都会と遜色《そんしょく》ない情報を得られるようになったが、宮沢賢治が生きた時代は違っていた。画然とした格差があり、東京でない文化があった。

モダン都市東京にひかれ、賢治は九度上京し、合計で三五〇日ほどを東京で過ごした。「革トランク」は賢治の東京での生活を反映したフィクションだが、建築設計士である主人公の斎藤平太が「エレベータとエスカレータの研究」のため上京するといった設定になっている。現代はエレベータやエスカレータは地方でも普及しているが、当時は都会でないとみられなかった。賢治は都会でないとみることのできないエレベータやエスカレータに触れ、その驚きを作品で示した。

明治時代、名所として親しまれた浅草の凌雲閣《りょううんかく》に日本で初めての電動式乗用エレベータが設置されたのは、明治二三（一八九〇）年のことだ。その後帝国ホテル、日本銀行などに設置された。帝国ホテルに設置されたのは、明治二五（一八九二）年のことだ。

エスカレータが日本で初めて登場したのは大正三（一九一四）年のことで、東京日本橋の三越デパートに設置されたものだった。

盛岡で初めてエレベータが設置されたのは、盛岡倉庫株式会社の三階建てコンクリート倉庫に設置された荷役用エレベータだが、一般サービス用は昭和一〇（一九三五）年秋にオープンした松屋デパートに設置されたエレベータである。帝国ホテルに設置されてから四三年後であり、都市と地方との格差を感じさせられる。

設計したのは、葛西萬司である。昭和二（一九二七）年に葛西は清水建設に勤めていたことがある田中實と「葛西田中建築事務所」を開業するが、この建物はその時代の代表的な建物である。

同年一一月二二日付の岩手日報は「市内中の橋の一角に華やかに出現した本県初めての松屋デパートの開館式は二一日午前九時半から地上六〇尺の同館屋上庭園の大広間で盛大に挙行された」と伝えている。

来賓《らいひん》には大矢盛岡市長他六、七〇名が参加し、岩手日報社主催の「岩手県新興名産展」が開催され、多くの観客がなだれ込んだという。

松屋デパートは元々、昭和二（一九二七）年に川村松助が開業したモスリン・銘仙の専門店「松屋」が発展してできたもので、地下一階地上四階の鉄筋コンクリート建築だった。「モスリン」とは柔らかい薄地の毛織物のことである。デパートの見晴らしの良い屋上には「遊歩場お子様運動設備」が設置され、家族連れで楽しむことができた。葛西はヨーロッパに出かけたことがあるから、その体験が設計に生かされたに違いない。

松屋デパートは盛岡で初めての冷暖房が完備した近代的なビルで、顧客用エレベータが初めて登場した。

このエレベータは、シマダエレベータ製の積載荷重七五〇キロ・定員一〇名だった。このエレベータは大人気で、エレガールと呼ばれた運転技術者は東京採用の徳川里子・田沢ハル子、松屋デパート生え抜きの栗谷川ハナ子の三人で、三人は新宿伊勢丹で二週間にわたり運転の訓練を受けた。栗谷川は盛岡市内新築地の出身だった（吉田義昭『盛岡　明治大正昭和「事始め百話」』）。

松屋デパートには開業と同時にエスカレータも設置されている。やはり、岩手県内で最初の営業用エスカレータだった。宮沢賢治は昭和八（一九三三）年九月二一日に亡くなっているので、このエレベータやエスカレータに乗ることはなかった。
昭和四六（一九七一）年に松屋デパートは閉店し、建物はしばらく遺されていたが、平成一一（一九九九）年に解体された。

盛岡劇場

盛岡の冬の風物詩といえば、盛岡文士劇である。一二月初旬、会場の盛岡劇場は多くの演劇ファンでにぎわうが、現在の建物は平成二（一九九〇）年に竣工したもので二代目である。

盛岡劇場（写真提供：盛岡てがみ館）

初代の建物は大正二（一九一三）年九月、開場した。設計は辰野葛西事務所である。予算は二万五千円だった。家畜市場「馬検場」の移転新築を機に造成された「新馬町」やその周辺の開発事業の一環として計画された建物だ。

盛岡は元々演劇が盛んな土地柄だった。盛岡藩政時代の延宝二（一六七三）年二月一七日に、盛岡城下で初めて歌舞伎が行なわれている。南部重信が藩主の時代である。このときの役者は旅芸人で、城下を訪れた者たちがお城御新丸の特設舞台で演じ､その後新山舟場で一般民衆向けの興行も行なわれた（吉田六太郎『もりおか物語（八）―肴町かいわい―』）。

明治時代になると、藤沢座や内丸座といった劇場が次々にできたが、盛岡劇場は近代的な照明設備を備えた点で、既存の劇場を圧倒した。木造三階建て、二、五〇〇人収容の観客席の建物は盛岡で初めてでもあった。

三年前の明治四四（一九一一）年三月、東京に日本初の本格的鉄骨建築でもある帝国劇場が竣工した。日本における西洋近代劇場の誕生である。ルネサンス風フランス式建築で、外観は白レンガ造り、白亜の殿堂にふさわしい建物で、多くの観客を集めた。盛岡劇場は東京帝国劇場を模してつくられたルネサンス様式の劇場である。帝国劇場ができてすぐ、盛岡にも劇場をつくろうという動きが沸き起こった。盛岡の人々の演劇に対する関心の高さがうかがえる。劇場建築としては帝国劇場に次いで二番目で、東北では初めてだった。

当時八幡町に料亭藤屋を開業していた川村留吉は役者でもあり、盛岡劇場建設は宿願でもあった。劇場社長は菊池美尚、重役は荒川常吉、荻野謙三らだった（吉田六太郎『もりおか物語（八）―肴町かいわい―』）。

盛岡劇場は昭和三二（一九五七）年に谷村文化センターとして使用された後、昭和四三（一九六八）年に閉鎖。老朽化し取り壊される昭和五八（一九八三）年まで建物は存続した。

榊呉服店、岩手銀行本店、原家位牌堂

ほかに現存しない建造物としては、大正九（一九二〇）年一二月竣工の榊呉服店がある。東北で初めて自動シャッターを導入し、赤レンガに似せた赤いタイルを貼った外装が特徴的だ。また、現在の岩手銀行とは系列が異なり、旧岩手銀行と呼ばれた建造物は、外壁が大理石でおおわれた鉄筋コンクリート四階建てだったが、金融恐慌で銀行が破綻後に農協ビルとして利用された後、解体された。

大正一〇（一九二一）年一一月四日に原敬が暗殺された後、菩提寺である大慈寺に原家位牌堂が建てられたが、これは葛西が単独で設計事務所を経営していた頃の作品だ。インド風の墳墓に似たデザインが特徴だったが、昭和五九（一九八四）年に取り壊された。萬司が設計した大慈寺宝物庫（大慈寺経蔵）は現存する。

第七節　葛西萬司の晩年

家族に見守られ、七九歳で死去

すでに紹介したとおり、葛西萬司は寡黙で自己顕示欲が少ない人柄だった。辰野金吾の陰に隠れ、忘れられた建築家となっているのはその人柄故といってよいかもしれない。

大正四（一九一五）年二月九日、葛西は工学博士号を受けた。その際、コメントを求められた実兄の鴨澤恒《つね》は、「何しろ無口で筆不性で御世辞下手な男で、博士など御免だと云ってゐましたが、まだ何とも云って来ない所を見ると、今度は受けたかと思はれます」と答えている（『岩手公論』大正四年二月一三日）。

鴨澤のコメントによると葛西は無趣味ということだが、実際には釣りや観劇に興じたり、絵画を鑑賞するなど多趣味の人であった。銀座をブラブラ歩くことも好きだったという。人付き合いがあまり好きでなかった葛西の趣味は一人で行なうものが多かった。

大正八（一九一九）年に恩師の辰野金吾が亡くなったが、大正一一（一九二二）年竣工の第一生命相互会社（旧建物）は辰野葛西事務所の設計となっている。これは恩師の名前をそのまま引き継いで事業を完成させたものだ。

葛西は建築学会では明治三七（一九〇四）年から副会長を務めたほか、工手学校（工学院大学の前身）や早稲田大学で講師を務めている。

葛西は家族と過ごす時間を大切にした。外出するときは妻と子どもを同伴することが多かった。

作家の森まゆみは葛西の孫の宮崎けい子、葛西重哉両氏にインタビューしているが（『住宅建築』、二〇〇二年一一月号掲載）、宮崎けい子は祖父に関して、次のような思い出を語っている。


とにかく祖父を一言でいいますと、自慢しない人なんです。あれだけ短期間に西洋文化をこなして、美しいものは何でも知っているものすごい人なんですが、自分からこれを作った、あれを作ったとはいわない。外国へ行ったこともいわない。たまに私が勉強してますと、そのフランス語の発音はちがうよ、などと申しましたけれど。

ですから外で何をしてたかは知らないんです。空襲で資料も写真も全部焼けてしまいましたし、辰野金吾先生の陣頭指揮で、設計は主に祖父が線を引いたようですが、そんな話、一度も聞いたことがありません。

葛西の温厚で控え目な性格を物語る述懐である。そんな性格だからこそ、辰野金吾の右腕として信頼されたのだろう。自己顕示欲が旺盛な性格だったら、辰野とのパートナーシップはうまくゆかなかったかもしれない。

また、葛西は一人娘のフミをとてもかわいがったという。フミが婿養子となる菱沼堅三郎と結婚するときの衣装は葛西が全部デザインするほどの熱の入れようだった。

大正一四（一九二五）年、養父の葛西重雄が死去し、葛西は岩手銀行の取締役に就任した。その後、盛岡信託株式会社の取締役にも就任したが、昭和四（一九二九）年七月いずれも辞任している。二年後の昭和六年末には銀行は恐慌に襲われたが、葛西には何の影響もなかった。金融に関しては元々、あまり関心がなかったのかもしれない。

昭和一七（一九四二）年八月一九日、葛西萬司は脳溢血《いっけつ》のため東京府東京市瀧野川区中里町二七五（現在の北区中里二―二八辺り）で亡くなった。七九歳。婿養子（長女フミの夫）、養子重子、五人の孫たちに囲まれての最期だった。八月二一日自宅で告別式が行なわれた。菩提寺は盛岡市東禅寺である。

なお、第二代鹿島組（現鹿島建設）組長・鹿島精一は元々は葛西精一といい、葛西家の分家から鹿島家の養子になった人で、葛西萬司の近くに墓がある。

2
column

宮沢賢治が愛した小岩井農場本部事務所

盛岡周辺には、明治・大正時代に建てられた建造物が結構遺っている。その中で、小岩井農場本部事務所は宮沢賢治が最も愛した建造物、といえるかもしれない。

賢治は盛岡中学校（現盛岡第一高校）三年生の遠足（一九一一年五月一五日）で小岩井農場を訪れている。このときが初めてだったのかは不明だが、以後たびたび小岩井農場を訪れ、詩や童話の創作にその体験を生かしている。小岩井農場は賢治にとってお気に入りの場所であり、イメージの沸く空間だったことは間違いない。

小岩井農場は岩手山の南麓に位置する国内最大の民間総合農場であり、総面積は二、六〇〇ヘクタールを誇る。創業は明治二四（一八九一）年のことで、盛岡駅が開業した翌年だ。開業当初は盛岡—仙台間が開通しただけだったが、翌年になると盛岡—青森間が開通し東北本線が全通している。

明治二一（一八八八）年六月二一日、内閣鉄道局長官で鉄道頭の井上勝は東北本線

工事視察のため、盛岡入りした。地元の歓迎行事の後、網張温泉に一泊した。案内したのは時の岩手県知事・石井省一郎だ。

その折に、井上は秋田街道から雫石村丸谷地にかけての数千町歩に及ぶ荒地を眺めた。人が住むわけでもなく、打ち捨てられた灰土をみて圧倒された。それまでの十数年間、井上は鉄道業務に携わってきたが、このような広大な土地が手入れされずに放置されているのを見るのは初めてだった。この土地を開墾し、農牧事業を起こしたらどうだろう。井上はそう思った。

その構想を井上は旧知の小野義真《ぎしん》（日本鉄道会社副社長）と岩崎弥之助（三菱社長）に語り、協力を求めた。ふたりは趣旨に賛同し、かくして創業者井上勝、出資者岩崎弥之助、後援者小野義真の頭文字を採り、読みやすく並べた小岩井農場設立に至った。

火山灰地という地質で、標高二〇〇～六二七メートルの寒冷地、という悪条件にあったが、大胆な西洋式農法を採り入れ、近代的な植林事業や洋種畜事業への試行錯誤を重ねた。

明治三二（一八九九）年からは岩崎弥之助の後を継いだ久弥が経営に当たった。

一九〇一年にオランダなどから乳用種牛の輸入を開始、品種改良に努めた。その結果、バター・チーズ・牛乳の製造技術を確立し、乳業技術のパイオニアとして発展を遂げた。第二次世界大戦以前には、競馬で活躍した名馬を輩出したこともあった。現在では従来の農林畜産業に加え観光業にも力を入れ、多くの観光客を集めている。

賢治が見た小岩井農場本部事務所は明治三六（一九〇三）年に建てられた洋風で木造の建物だ。二階には望楼がついている。農場全体を見渡すためだ。玄関部分には円形の垂れ飾りがついた鼻隠しがあり、ドイツ風である。扉や窓枠もヨーロッパの風情が色濃く漂っている。現在も会議室などとして使用されている。

平成二九（二〇一七）年にはこの建物のほか、牛舎、サイロなど二一棟が国の有形文化財に指定された。

賢治は小岩井農場で感じた感動を詩に表現している。一九二四年に自費出版した詩集『春と修羅』（第一集）に収められた長篇詩「小岩井農場」だ。本部事務所はその詩の中で「本部の気取った建物」と記されている。風雨にさらされ、一二〇年近く生き抜いてきたこの建物にその面影を見ることは困難だが、賢治が訪れた頃は生気にあふれていたのかもしれない。

小岩井農場をイメージして、賢治は童話も書いている。「狼森《おいのもり》と笊森《ざるもり》、盗森《ぬすともり》」は大正一〇（一九二一）年頃に執筆されたと推定され、一九二四年に自費出版された童話集『注文の多い料理店』に収められた。

その冒頭は次のように始まっている。

小岩井農場の北に、黒い松の森が四つあります。いちばん南が狼森で、その次が笊森、次は黒坂森、北のはづれは盗森です。

また、小岩井農場周辺は柏が多く育つ地域であることから、童話「かしはばやしの夜」が書かれたとも推定されている。この童話も『注文の多い料理店』に収録された。

広大な小岩井農場は作家・宮沢賢治を育んだといえるだろう。本部事務所（展示資料館）は、そのことを象徴する建物である。

第三章　横浜勉と盛岡

第一節　第九十銀行

司法省技師として退官

葛西萬司が設計した岩手銀行赤レンガ館（旧盛岡銀行本店）のすぐ近くに、もりおか啄木・賢治青春館が建っている。石川啄木と宮沢賢治はともに、青春時代を盛岡で過ごした。そうした足跡を展示した記念館で、多くの人々が集う盛岡の人気スポットのひとつである。

この建物は旧第九十銀行である。設計したのは盛岡出身の建築家・横浜勉だ。明治四三（一九一〇）年に竣工した建物だが、一世紀を経てなお、現役で使用されている。横浜勉は大正六（一九一七）年に竣工した旧盛岡中学校（現盛岡一高）を設計監修したことでも知られるが、上田にあったこの建物は現存していない。現在の校舎は建て替えられたものだ。

横浜勉は明治一三（一八八〇）年一〇月一五日に盛岡で生まれ、明治三〇（一九〇六）年東京帝国大学建築科を卒業した。横浜は湯島聖堂、築地本願寺などの設計で知られる伊東忠太に建築を教わっている。伊東忠太に関しては、後でまた紹介する。

横浜勉は東京市営繕課で技師として働いたが、職場には三橋四郎がいた。三橋は明治二六年東京帝大を卒業して陸軍省、逓信省に勤めた人だが、横浜勉が東京帝大を卒業した明治三九年、東京市の営繕課長として移ってきた。

三橋は二年後の明治四一年に独立し、設計事務所を開設し、大正四年に急死するまで第一線で活躍した人物だ。明治四三年に開催された日本建築学会の講演会ではアール・ヌーヴォー（一九世紀末から二〇世紀にかけて流行した美術様式で、エレガントで装飾的なデザイン）やセセッションについて語り、大阪心斎橋の石原時計店（大正四年竣工）、東京銀座の大倉組本店（同）など斬新なデザインを施した建築で知られる。

横浜勉は、三橋四郎の影響を受けている。第九十銀行に見られるドイツセセッションは、三橋の影響の下、近代的な構造と新しい意匠を結び付けた作品である。セセッションとは一九世紀末にウィーンで誕生した新スタイルだ。歴史的様式から分離しているためセセッション（分離の意）と呼ばれた。二〇世紀初頭にドイツなどに広まり、明治時代末期に日本に入った。それまでの日本の建築界の保守本流だったイギリス系に取って替わり、ドイツ系隆盛の一翼を担ったスタイルだ（藤森照信『近代日本の洋風建築 栄華篇』）。

横浜は司法省技師を経て大正一〇（一九二一）年に退官した。この間、ほとんど表には出てこないが、名が知れた建築家である山下啓次郎や後藤慶二などとともに仕事をしている。山下啓次郎は横浜の恩師・伊東忠太の東京帝大時代の同級生で、孫はピアニストの山下洋輔である。山下啓次郎は明治四一（一九〇八）年竣工の奈良少年刑務所の設計者として知られており、奈良のほか、鹿児島、長崎、金沢、千葉に石造とレンガ造による洋風建築を完成させた。奈良少年刑務所は現存し、保存が決定されたが、二〇一七年三月閉庁している。

横浜勉が東京市から司法省営繕課に移ったとき、東京帝大を明治四二年に卒業した後輩・後藤慶二とも同僚になった。横浜は東京帝大を明治三九年に卒業しているから、卒業年度でいえば後藤の三年先輩だ。

後藤慶二と豊多摩監獄

後藤慶二は大正期建築の代表作のひとつとされる豊多摩監獄の担当者として名を知られていて、鉄筋コンクリートの構造にも通じていた。豊多摩監獄は明治四三（一九一〇）年に竣工、レンガ造・木造・鉄筋コンクリート造・鉄骨造など多くの建築群により構成され、一部の特殊工事を除き、延べ一二六万六、〇〇〇人の服役者が工事に参加した（村松貞次郎『日本近代建築の歴史』）。

後藤は大正期を象徴する建築家でありながら、白馬会第二洋画研究所で洋画を学び、一時は画家を志したことがある人物でもあった。

「豊多摩」は現在ではなじみのない名前だが、かつて東京府下には豊多摩郡があり、現在の渋谷区・中野区・杉並区と新宿区の一部から構成されていた。昭和七（一九三二）年全域が東京市に編入され、豊多摩郡は消滅している。

建築史家で建築設計者でもある藤森照信は、『日本の近代建築（下）』（岩波新書）において、日本の表現派建築として、後藤慶二の豊多摩監獄を取り上げている。「中世の素朴な赤煉瓦のゴシック建築に由来する造形を自在に簡略化して使い、まるで赤煉瓦の山がムクムクと盛り上ってきて一瞬静止したようなマッシブでさわやかな印象を与える」と記し、大正期の青年建築家に大きな影響を与えたとしている。

また、建築評論家の長谷川堯《たかし》は後藤慶二とドイツ建築の流れをくむ大蔵省営繕局出身の建築家・妻木頼黄に関して、「私はかつて、大正期の重要な中世主義者の一人であった後藤慶二の、獄舎づくりとしての行動のなかに、妻木に非常によく似た、国家権力の真ただ中における反世界としての都市の透視、という作業を解明したことがある」と書いている（長谷川堯『都市廻廊』）。横浜勉が設計した第九十銀行もそうした潮流の中で設計された。

藤森の同書によれば、大正三、四年、西暦でいえば一九一四年、一九一五年が日本のモダニズム建築の元年であり、大正四年竣工の豊多摩監獄はその時代を代表する建築として記憶されるべきだとしている。

大正四年発行の『建築雑誌』（第三四二号）によれば、豊多摩監獄新築工事の「司法技師」として山下啓次郎とともに横浜勉の名前がある。

中野刑務所と改称

創建時（一九一五年）に豊多摩監獄と呼ばれたこの建物はその後、中野刑務所と改称され、一九八三年に閉鎖された。大杉栄や小林多喜二、中野重治など多くの思想犯・政治犯がこの建物に収容された歴史がある。

建物が閉鎖される際、日本建築学会などの要望により正門のみが残されていたが、現在ここにあった法務省の施設の転出に伴い、存続が危うくなっていた。日本建築学会や日本建築家協会が保存活用の要望書を提出しているが、興味深いのは美術評論家連盟が保存を求める意見書を提出していることだ。美術評論家連盟は後藤慶二を「日本近代建築史上最大の天才」と記し、現存する正門を工学と美学を統合した芸術的な評価においても突出している、と評価している。三〇代半ばで早世した後藤慶二の作品で現存しているのはこの正門のみである（五十嵐太郎「見

聞録　建築　旧中野刑務所の正門」、河北新報、二〇一八年一二月一〇日掲載記事に拠る)。共同通信配信記事（二〇一九年二月二八日）によると、この正門は現地で保存されることが決定した（外部見学のみ)。

かつては肴町が盛岡の中心地

横浜勉はその後東京や大阪で設計や管理業務を行なった後、昭和一〇（一九三五）年からは鹿島組（現鹿島建設）顧問を務めた。

現在は盛岡の街の中心はより駅に近い菜園に移っているが、かつては盛岡銀行と第九十銀行がある肴町が盛岡の中心地で、周辺には金融機関が林立していた。

盛岡銀行本店の竣工は一九一一年、第九十銀行の竣工は一九一〇年、どちらも百年以上前の建物だが、今尚建物が存続しているのは盛岡の人々の歴史的建造物を守ろうとする意志の表れといってよいだろう。

明治六（一八七三）年、明治新政府は国内殖産振興策として第一国立銀行を設置した。以後、国立銀行条例改正と華族・士族に対する金禄公債交付を目的に全国に一五三もの国立銀行が設置された。岩手県では一ノ関町に第八十八国立銀行、盛岡に第九十国立銀行が設置された。

渋沢栄一

第一国立銀行頭取として活躍したのが幕臣出身の渋沢栄一で、岩手には渋沢の従兄である尾高惇忠《じゅんちゅう》が第一国立銀行盛岡支店長に就任し、近代的金融運営に手腕を発揮した。

渋沢栄一は日本に西欧型の金融機関を根付かせた功労者だ。天保一一（一八四〇）年武蔵国血洗島村（現埼玉県深谷市）の農家に生まれた渋沢は幼い頃から聡明で、六歳の頃から父親から『論語』や『中庸』を習ったという。二三歳のとき、漢籍の師であった従兄の尾高惇忠の影響を受けて「尊王攘夷《そんのうじょうい》論」に心酔した。倒幕のため高崎城の乗っ取りを計画したが、挫折を味わうという体験もしている。

慶応二（一八六六）年には第一五代将軍となっていた徳川慶喜に幕臣に取り立てられた。慶喜の信頼を得た渋沢は翌慶応三（一八六七）年慶喜の弟・徳川昭武の遣欧使節団に加わり、パリやロンドンなどで約一年間にわたり欧州の先端技術や文明に接した。この欧州体験が視界を広げる原体験となり、後に飛躍を生む土壌となる。

明治二（一八六九）年一一月、明治政府に出仕した渋沢は民部省を経て大蔵省に入り、諸般の改革に携わった。当時渋沢にとって静岡藩で着手したばかりの静岡商法会所の運営が関心事で、政府に出仕して役人になるつもりはなかったらしい。だが、大隈重信の熱心な説得と、徳川幕府で要職にあり静岡藩権大参事に就任していた大久保忠寛から、徳川家の立場に配慮して政府の機嫌を損ねないように大隈の要請に従い出仕してほしいと依頼されたため、大蔵省への出仕を決めたという。明治政府は有能な旧幕臣を積極的に登用した。渋沢栄一はその代表例である（門松秀樹『明治維新と幕臣』）。

明治六（一八七三）年六月、大蔵省を辞職した後は経済人として実業の世界に生きた。渋沢は第一国立銀行を開業し、監査役に就任。明治八（一八七五）年には三五歳で第一国立銀行頭取に昇り詰めている。三八歳で、東京商法会議所会頭に就任した。渋沢は日本に銀行を根づかせた功労者だった。

渋沢栄一は、新渡戸稲造と接点があったことでも知られている。ふたりが親しくなったのは明治四〇（一九〇七）年一月二二日、銀行倶楽部で開催された晩餐《ばんさん》会がきっかけだった。新渡戸はその日、第一高等学校校長として出席したのである。

ふたりは原敬も関係した東北振興会の活動に参加したほか、新渡戸が事務次長として活躍した国際連盟の活動に渋沢は共鳴し、国際連盟が提唱した世界平和の日本での理念普及に貢献した。

戊辰戦争で敗北した結果、敗者の側にいた東北地方は薩長藩閥政府の下で辛酸をなめた。政財界はそうした藩閥政府の出身者により重要なポストを占められ、東北地方は開発が遅れることになった。

その遅れを取り戻そうと企画されたのが東北振興会である。東北地方の殖産興業を促進することが主な目的で、渋沢栄一はこの方面でも大きな役割を果たした。

尾高惇忠

惇忠は天保元（一八三〇）年七月二七日、現在の埼玉県深谷市に生まれた。従弟の栄一より一〇歳年長であり、一七歳の頃、私塾で七歳の栄一に『左伝』『史記』『日本外史』などを教えた。栄一は惇忠から読書の楽しさを教えられ、親戚や友人宅の蔵書を片端から読んだという。栄一は若い頃、詩を作っており、一七歳の頃には号の「青淵」を使いはじめた。惇忠とともに信州に惇忠と藍《あい》を売り込みに行ったときにはふたりして漢詩を詠み合って旅をしたという。

戊辰戦争時、惇忠は上野彰義《しょうぎ》隊の結成に動くなどして活躍したが、戦争に敗れ、悲嘆の日々を過ごした。

惇忠が才能を発揮し始めるのは、明治三（一八七〇）年富岡製糸場との関わりができてからで、技術者として製糸場の建設に携わった。建築が一切完了したのは明治五（一八七二）年七月のことである。

同年八月、「秋蚕」の名が初めて使用された。惇忠は「秋蚕」が日本蚕糸業の発展に欠かせないものと信じ、この名を普及するとともに、一〇月四日、富岡製糸場が操業を開始してからは、初代場長としてその経営に手腕を発揮した。

なお、明治九（一八七六）年九月には、富岡製糸場は富岡製糸所に名称が変更された。

惇忠に富岡製糸場の仕事を斡旋《あっせん》したのは従弟の栄一である。かつては栄一に古典を教えた関係だったが、いつしか関係が逆転した。惇忠は日本の金融界のリーダーとなった栄一に協力して、多くの事業に取り組むことになる。

惇忠が栄一の紹介で近年世界遺産に登録された富岡製糸場初代場長となったのは、四三歳のときだ。現代なら壮年だが、平均寿命が短い当時では老年といっても過言ではない。仕事を引退する時期である。

惇忠は四七歳で富岡製糸所長を勇退したが、栄一が惇忠を放ってはくれなかった。引き続き仕事に精を出すことになる。

勇退後は栄一が関係した東京府瓦斯局勤務を手始めに、東京養育院の事務取締、蚕種会議局会頭などに入った。明治一〇年一二月には国立第一銀行に入り、岩手県盛岡支店の支配人として盛岡に勤務すること一〇年に及んだ。

明治二二（一八八九）年に盛岡は市制が施行され、鉄道も開通、盛岡駅から中心市街への幹線道路も整備されたが、商業都市として発展するためには地元銀行の設立が課題だった。

尾高惇忠が岩手経済のいしずえを築く

国立第一銀行盛岡支店は、盛岡藩の豪商としてならした小野組の破産に伴い、岩手県の為替方を取り扱うため、紺屋町の鍵屋跡に設けられたが、一般金融も取り扱った。

惇忠は製藍と染色の専門家で富岡製糸場の経験もあったので、その存在は盛岡の経済界にとってとてもありがたかった、と推測される。惇忠自身積極的な性格で、銀行の椅子に座っていることができず、自ら得意とするところを指導して回り、会社経営の模範を示した。

明治一一（一八七八）年の春、惇忠は盛岡の紺屋に藍染め法を指導し、近代的染色企業の手ほどきをした。従来から盛岡の紺屋も藍染めをしていたが、染色代を低廉にし、早く染めるなどの点で優れていた。

時の県令島惟精《いせい》は東北で初めて、実業人の研修期間として「盛岡商法会議所」を設立している。これは渋沢栄一の「東京商法会議所」にならったもので、現在の「盛岡商工会議所」の前身だ。「盛岡商法会議所」がきっかけとなり、「盛岡実業交話会」が生まれたが、惇忠はそのリーダーになった。盛岡の若手実業家が集まり、新しい経済理論や実務を学習するため、月に一度の例会が開かれた（荻野勝正『尾高惇忠』）。

主なメンバーとしては、佐藤清右衛門（盛岡銀行初代頭取）、佐々木卯太郎（第九十銀行頭取）、小野慶蔵（岩手銀行創立者）、池野藤兵衛（岩手銀行取締役）、金田一勝定（岩手軽便鉄道社長）らがいた。錚々《そうそう》たるメンバーだ。こういった人々が後に岩手の経済界を牽引していくことになる。惇忠が岩手県における経済のいしずえを築いた、といっても過言ではない。

「盛岡実業交話会」は、惇忠の指導の下、会費を積み立てて将来の事業に備えたり、盛岡藩時代の「のれん商法」しか知らない地元の商人やにわか実業家たちに新時代の経済を学ばせる実践の場になったりした。

第九十銀行設立の経緯

明治新政府は国内の殖産振興策として、明治六（一八七三）年に第一国立銀行を設立した。その頭取を務めたのが渋沢栄一である。すでに紹介したが、盛岡に金融業を根付かせた尾高惇忠は渋沢栄一の従兄だった。

その後、国立銀行条例改正と華族・士族に対する金禄公債交付により、全国に短期間で一五三もの国立銀行が設立されている。そのうち、岩手県内に設立されたのが一ノ関町（現一関市）の第八十八国立銀行であり、南岩手郡東中野村（現盛岡市）の第九十国立銀行だった。

第九十国立銀行は第八十八国立銀行とともに明治一一（一八七八）年に設立された。当時地元には新時代に対応した金融機関がなく、高利貸資本に頼っていた。第九十国立銀行では旧武士層に秩禄《ちつろく》処分の代償として給付された秩禄公債を担保として株主の募集が行なわれた。士族の授産事業資金の調達、産業の近代化資金を供給することを目的に、資本金一〇万円で設立された。役員から株主に至るまで、すべて士族により組織したことにその特徴がある。

もりおか啄木・賢治青春館
（旧第九十銀行）

この背景としては、明治政府が旧武士、公卿たちの秩禄（家禄、章典類）を廃止するために採った施策＝秩禄処分の影響があった。一八六九年の版籍奉還の際、公卿・諸侯を華族、家臣を士族・卒とし、知藩事（旧諸侯）の禄高を藩高の一〇分の一にした。また、士族、卒、全公卿の家禄を削減し、帰農商を奨励、その資金として禄高五カ年相当分を支払った。廃藩置県の一八七三年以降、家禄奉還者に一時賜金と秩禄公債を交付して、一八七五年の家禄奉還中止までに有禄者の約三分の一を整理した。同年米禄を金禄に変更、一八七六年、残っていた有禄者に金禄公債を交付し、秩禄を全廃した。この一連の措置により、旧士族は多くの打撃を受け、没落する士族が続出した。そうした中、旧士族を支援する金融機関が必要とされていた。

尾高惇忠は「盛岡第九十国立銀行ノ開業ヲ祝スル詞」を述べている。「この地方は未だ開発の手が及ばぬ地帯であり、巨大な資源を持っておるにもかかわらず、これを開発すべき資金を欠き。ここに銀行を起こし資金を融通し以て殖産興業の中心となすべきこと」と強調、「それがまた銀行の利益増進の基となること」と論じた。

明治一八（一八八五）年、惇忠は北上川の舟運を近代化するため「北上回漕会社」の設立にこぎつけたが、この会社は後に鉄道開通という時代の流れの中で解散を余儀なくされた。

惇忠は明治二七（一八九四）年第一国立銀行盛岡支店の閉鎖に伴い、仙台に去ったが、盛岡の金融業発展に尽くした功績は大きい。第九十銀行の開業に参画し、盛岡銀行創立のきっかけを作ったからだ。偉人として、尾高惇忠は盛岡市先人記念館で顕彰されている。

第九十銀行の頭取となったのは旧盛岡藩主南部利剛の第八子・南部剛確であり、株主には二九四人の旧士族が参加した。剛確と弟の剛獲が筆頭株主としてそれぞれ三、二五〇〇円を出資しており、第九十銀行は南部伯爵家が譲渡した土地に建てられた。

銀行は当時資本の八割まで金貨引換紙幣の発行が許されており、五円札・一円札で合計八万円相当の第九十銀行紙幣が発行された。士族向きの銀行として創設されたのだ。岩手県の銀行の黎明《れいめい》といえる第九十銀行の設立により、県内の鉱工業・機械工業などのいしずえが築かれた。

翌明治一二年に出張所が東京に開設され、為替業務を行ない営業の拡大を図ったが、武士の商法のためか業務は進展せず、次第に株式は旧士族から商人層に支配されるようになっていった。

その後、明治三〇（一八九七）年、経営陣の中のひとり佐々木卯太郎取締役支配人が頭取に就任して、「株式会社第九十銀行」に移行して、経営を継承することになった。株式会社第九十銀行は同年八月一日設立八月五日に営業を開始した。資本金一〇万二、〇〇〇円、株主数九九名での出発だった。

第九十銀行と盛岡銀行はともに本店建設を急いだ。盛岡銀行が葛西萬司に設計を依頼した動きを察知した第九十銀行は盛岡出身で葛西と同様に帝大建築家出身で司法省技師をしていた横浜勉を口説き落とし、本店の設計を依頼した。横浜勉は築地本願寺の設計で有名な伊東忠太の弟子であった。

東京ではイギリス系の建築とドイツ系の建築の対立があったが、そうした対立が盛岡の建築物、旧盛岡銀行（イギリス系）と旧第九十銀行（ドイツ系）の設計を通して見られるのはとても興味深い。

伊東忠太

伊東忠太は慶応三（一八六七）年一〇月二六日、現在の山形県米沢市に生まれた。藩学興譲館を経て、明治六（一八七三）年五月に上京し、第一大学区第三中学校第一番小学（現番町小学校）に入学したが、千葉県佐倉市に移り、鹿山小学校、鹿山中学校を卒業している。

明治一四（一八八一）年二月、東京に戻った忠太は同年七月、外国語学校ドイツ語科に入学している。明治一八（一八八五）年一一月には第一高等中学校予備科（後の第一高等学校）に編入し、本科に進んだ。

明治二五（一八九二）年帝国大学工科大学卒業論文として「建築哲学」を提出し、大学院に進んだ。「日本建築研究」を生涯のテーマに決めたのは、この頃のことだ。

忠太の恩師が辰野金吾だ。辰野はイギリスでの留学時代、美術建築家と称していたバージェスから多くのことを学んだ。その成果として辰野は、日本の建築学の中に「美術建築」の概念を持ち込んだ。その影響を忠太は受けている（清水重敦　河上眞理『辰野金吾』）。

翌明治二六（一八九三）年二月、東京美術学校（現東京芸術大学）の委嘱により、「建築装飾術」を講義するようになる。この年、論文「法隆寺建築論」を『建築雑誌』一一月号に発表している。帝国大学工科大学に「日本建築学」の講座を開いたのは辰野金吾だが、辰野は日本建築研究には取り組まず、弟子たちに託した。その代表的な存在が伊東忠太で、忠太の法隆寺研究は辰野の指示によって実施されたものだった（河上眞理　清水重敦『辰野金吾』）。

明治二七（一八九四）年、忠太は『建築雑誌』に論文「アルキテキチュールの本義を通じてその譯字を撰定し造家学会の改名を望む」を発表した。当時使用されていた「造家」の言葉には芸術などの視点が欠けていると指摘したのである。その指摘を受け、造家学会は建築学会と改称（一八九七年）、東京帝国大学の造家学科は建築学科になった。忠太の貢献のひとつである（ジラルデッリ青木美由紀『明治の建築家　伊東忠太』）。

明治三〇（一八九七）年、忠太は東京帝国大学工科大学講師に就任した。翌一八九八（明治三一）年三月、かつて書いた論文を補強して大学院卒業論文として「法隆寺建築論」を提出した。明治三二（一八九九）年七月、忠太は東京帝国大学工科大学助教授に就任している。

若い頃法隆寺に魅せられた忠太は、次第にそのルーツを探すことに熱意をもつようになる。

明治三五（一九〇二）年から三年余りをかけヨーロッパに留学した忠太は、留学後ビルマ、インド、トルコなどを歴訪した。

帰国後の忠太は、そうした見聞を生かし、建築家として大成した。築地本願寺のほか、大倉集古館、震災記念堂、湯島聖堂などの傑作が次々に生まれた。そうした一流建築家であり建築史家でもあった伊東忠太の影響を横浜勉は受けている。

盛岡銀行が明治四一（一九〇八）年五月五日起工、明治四四（一九一一）年四月三〇日に竣工した。それに対して、第九十銀行は明治四一（一九〇八）年三月一五日に起工、明治四三（一九一〇）年一二月一一日に竣工した。第九十銀行の方が五カ月ほど早い竣工になった。なお、第九十銀行の土地は、南部伯爵家が譲渡したものだった。

横浜勉と第九十銀行

横浜勉が設計した第九十銀行は、中津川の清流に沿った旧国道呉服町の一角に建っている。現場監督者は久田喜一、工事係は新沼源之進である。請負者の記載は当時の新聞にはない。石材は盛岡近郊で産出した矢巾産を中心にすべて地元産を使用した。化粧レンガは東京本社斉藤工場製と当時の工事報告に記載されている。

間取りは階下に営業室、役員応接室、頭取室、階上に重役室、会議室（総会室）、予備室が設置された。

仕上げは外壁に黄褐色のモダンな化粧レンガを貼り、花崗岩の加工仕上げと荒くカットした石積みとの組み合わせである。屋根は独特のアール型にデザインしたスレート葺きである。内部は平滑な漆喰の白壁となっている。

外観はロマネスク風の外観を擬していて、開口部の石像アーチ（アーチ型の欄干部分に大理石板がはめこまれている）、建物隅部に突出したクロケット、粗削りなコーナーストーンだけで様式的な雰囲気を醸し出している。明治末期から大正初期にかけて日本のデザインはヨーロッパの影響下にあった。

藤森照信は第九十銀行を「ユーゲントシュティル系のデザイン」と指摘している（『日本の近代建築（下）』）。ユーゲントシュティルとは、ドイツやオーストリアで十九世紀から二十世紀初頭にかけて流行した美術様式で、流麗な曲線で動植物を図案化する装飾様式だ。フランスでは「アール・ヌーヴォー」と呼ばれた。藤森照信は第九十銀行をその流れをくむ建築だとしているのだ。

アール・ヌーヴォーはイギリスの思想家であるジョン・ラスキンやウィリアム・モリスに

源流をもつ中世主義のデザイン思想の展開の中で生まれたもので、明治時代末期日本に移入された（長谷川堯『都市廻廊』）。

横浜勉は当時、司法省技師として豊多摩監獄、大阪控訴院地裁などの設計にも参加しており、明治期の洋風建築様式から脱皮しようとしていたことが第九十銀行からうかがうことができる。

横浜勉は第二次世界大戦後、故郷の盛岡に戻った。昭和二六（一九五一）年一〇月から五カ月ほど岩手県建築士会会長（初代）を務めている。建造物として遺っているのは、第九十銀行のみである。

第九十銀行は開業当初の株主九四名全員が旧盛岡藩士だった。また、資本金一〇万円の大部分は藩士の退職金である秩禄公債を充てたものだった。

そうした由来があることもあり、第九十銀行は盛岡市内の縁故が強く、役員や株主なども盛岡市内に限定された。ライバル銀行である盛岡銀行、旧岩手銀行に比べると政商的な色彩が強く、地元に密着した地道な経営を続けた。

もりおか啄木・賢治青春館として開館

昭和四（一九二九）年に引き起こされたアメリカの世界恐慌は次第に、日本の金融界にも飛び火した。各地の銀行は経営危機に直面することになった。

とはいえ、第九十銀行はそれ以前に青森県にある東奥銀行との合併により青森県内にも多くの支店を持つことで経営基盤の強化に成功したこともあり、取付による巨額な引き出しが行なわれていても、しばらく持ちこたえた。

とはいえ、昭和六（一九三一）年になると。日本の金融恐慌は厳しさを増し、ついに第九十銀行は同年、岩手県が主体となって設立された岩手殖産銀行（現岩手銀行）に吸収され、岩手銀行の所有となった。

一九九九年、盛岡市はこの建物を運輸省（当時）の「盛岡快適観光空間整備事業」におけるテーマ館として位置づけた。詳細な調査の上、保存活用が決定し、二〇〇二年「もりおか啄木・賢治青春館」として開館した。

二〇〇四年、この建物は国の重要文化財に指定された。

第二節　南部利祥中尉銅像

南部利祥中尉が二四歳で戦死

横浜勉は銅像も設計している。南部利祥《としなが》中尉銅像である。残念なことに現存していないが、台座は残っている。

南部利祥中尉は、旧盛岡藩主南部家第四一代南部利恭の長男である。利祥は学習院に学んだが、その時代には皇太子（後の大正天皇）の御学友だった。

その後、近衛騎兵連隊騎手、同連隊第一中隊小隊長などを歴任した。

明治三六（一九〇三）年に父利恭が亡くなり、南部家第四二代となった。

明治三七（一九〇四）年に日露戦争が勃発すると、利祥は従軍、翌年三月四日、清国盛京省井口嶺に戦死した。若干二四歳だった。

盛岡藩は戊辰戦争で敗れ、賊軍の汚名を着せられた。利祥はその汚名を晴らすため、積極的に出征したとされている。

南部利祥中尉と原敬

利祥の顕彰作業に先頭に立って取り組んだのが、盛岡出身で、大正七（一九一八）年に東北で最初の総理大臣になった原敬である。

原は利祥が亡くなった明治三八（一九〇五）年三月四日の日記に次のように記している。

夕刻南部家々令太田時敏来訪、本日師団より内々の通知に南部利祥伯戦死の由なりと。伯は近衛騎兵中尉にて作年真先に出征せり、年二十四歳、将来有望の為人なりにて旧藩士を始め前途を楽み居たるに惜しむべし遂に戦死せり。

文中に太田時敏の名前が見られる。太田は新渡戸稲造の叔父で当時、南部家の世話人（家令）を務めていた。太田は新渡戸を養育した人物として知られている。太田時敏夫婦に子どもがなかったこともあり、一時新渡戸は時敏の養子となっている。上京した新渡戸は太田の家から英語学校に通い、必死になって英語を身に着けた。そのことが将来の大成につながるのである。

新渡戸はアメリカに留学し、アメリカ人女性であるメアリー・エルキントンと結婚した国際人だったが、明治三三（一九〇〇）年一月、フィラデルフィアにある小さな出版社から英文の『武士道』を出版した。

日本人の誠実で剛毅な精神を伝えた『武士道』はたちまち、世界的なベストセラーとなり、世界から日本が注目されるきっかけを作ったといわれているが、この本の表紙には「我が愛する叔父太田時敏にこの小著をささぐ」と記されている。

太田は政治家として台頭してきた原敬と南部家のことでたびたび会って相談を重ねていた。原敬の日記には、新渡戸稲造は二度しか登場しないが、原と新渡戸は太田時敏を介して密接に結びついていた。

なお、日露戦争に勝利した日本は、第二六代アメリカ大統領セオドア・ルーズベルトの斡旋によりポーツマス条約を調印しているが、親日家として知られるルーズベルトの愛読書が新渡戸稲造の『武士道』だった。

五月二六日、南部家の菩提寺《ぼだいじ》である東京の護国寺で南部利祥の葬儀が行なわれた。原は参列し、旧盛岡藩「士民」を代表して、弔辞を朗読した。原は生涯盛岡藩「士民」としての意識を持ち続けた。南部家の貢献人を引き受けたことで、その意識は以前にもまして強まったのかもしれない。

原と南部利祥は絶対的な信頼で結びついていた。利祥が一〇歳のとき、原は南部家から教育方針を相談されたが、「旧藩人に預けるというよりもこれからの時代に適用するには帝大在学の書生の中から優秀な人三、四人をお付けとして徹底した家庭教育をする方がよい」と提唱している。

利祥の結婚問題に関しても原は南部家のため親身になって動いており、利祥から頼りにされていた。

なお、利祥が亡くなった後、弟の利淳が若くして家督相続している。

原敬と東條英教

原敬は、亡くなった南部利祥を顕彰する仕事に取りかかった。すでに南部利祥中尉の騎馬銅像をつくる計画が持ち上がっていた。この計画は東條英教《ひでのり》が提唱し、原が賛成して実行に移された。この際、学習院初等科でともに学んだ皇太子（後の大正天皇）は、三〇〇円下賜した。

戊辰戦争で賊藩とされた盛岡藩出身者は明治時代、なかなか活躍の舞台が与えられず、比較的門戸が開かれていた軍事と外交の分野に活路を見い出そうとしたが、軍人として突破口を開いたのが東條英教である。

東條英教は安政二（一八五五）年一一月八日、盛岡で生まれた。父の英俊は盛岡藩の取次役を務め上げ、明治八年には、行政区の書記になっている。東條英教は作人館で原敬とともに学んだ。年齢は原より一歳上だ。その後陸軍教導団に入団、明治一〇（一八六八）年に勃発した西南戦争では、陸軍少尉試補として従軍した。陸軍大学校の一期生として学び、ドイツに留学して戦術や戦史を研究した。幼児から秀才といわれただけあって次第に頭角を現わし、陸軍中将まで昇りつめた。明治時代、盛岡藩出身者として軍人の最高の地位だ。第二次世界大戦後に戦犯として処刑された元総理大臣・東條英機は英教の三男である。

東條英教の出世は原敬を刺激し、励みにもなった。明治一四年、友人の八角彪一郎《やすみひょういちろう》にあてた手紙では概略、「最近国から書生として上京する者が多いが、他人を頼るものばかりだ。陸軍教導団を卒業すれば士官にもなれる。他人を頼らず、自分の力でゆけるところに入るよう勧めてほしい」と書いている。独力で道を切り開いた東條英教への畏敬の念が感じ取れる。

明治二一年に三三歳でドイツ留学した英教だが、三年間の留学を経て帰国すると少佐に昇進し、参謀本部に配属された。本部次長の川上操六を補佐し、作戦のほとんどを起案したといわれる。

非常時金属回収令で解体撤収

エリートとして地歩を固めていた東條と原は、協力して南部家のために尽くした。明治三九（一九〇六）年九月一五日、南部中尉の騎馬銅像は盛岡城本丸に建立されたが、原はこの銅像に二五〇円寄付している。完成した銅像の台座の高さは一五尺五寸(約四・六九メートル)、像の高さは一三尺（約三・九三メートル）あった。

利祥が日露戦争で戦死して間もなく、銅像建設の気運が沸き起こった。明治四〇（一九〇七）年一〇月に起工し、翌四一年七月に完成した。

台石は八月三〇日に竣工して、九月一五日に盛大な除幕式が挙行された。

銅像制作経費は一万三、〇〇〇余円。そのうち台座分が一万一、五〇〇円を要した。旧盛岡藩士族・士族桑田共有者を中心にして県内外の縁者から寄付を募った。

東宮殿下、華頂宮殿下等の御下賜金《かし》があり、東宮殿下は落成した明治四一年一〇月、東北地方行幸の途次に来盛し、銅像が建立されている岩手公園に立寄り、松を手植えされたという。

岩手公園にあった銅像は設計を横浜勉が担当、建立の場所選定と台座のデザインは横浜勉の東京帝大時代の師である伊東忠太が担当した。伊東忠太は多才な人で、記念碑や墓の設計も多く手掛けており、叔父である政治家・平田東助や大倉喜八郎などの墓を手掛けている。そうした方面の意匠にも通じていた。

銅像の原型は後藤貞行の弟子で、ベルリン美術学校に留学した帝国芸術院会員の新海竹太郎の作である。新海は山形県出身で、大山巌元帥騎馬像の作者として知られている。鋳造は久野留之助、工事監督は久田喜一、台座施工は盛岡に住んでいる田山傳次郎だった。原石の花崗岩は盛岡産で、ブロンズの原料は南部家がかつて開発に携わった秋田県鹿角郡小坂鉱山産の銅が使用された。

南部利祥中尉銅像は以後、岩手公園のシンボル的な存在として市民など訪れる人を楽しませた。

だが、昭和一八年から一九年にかけ、政府はお寺の梵鐘《ぼんしょう》などとともに非常時金属回収令の対象となり、解体撤収された。現在も岩手公園内（愛称：盛岡城跡公園）には台座のみが残されていて、往時をしのばせている。

3 column

開運橋と石井省一郎

日本橋が東京を代表する橋なら、盛岡を代表する橋は開運橋だ。その落成は明治二三（一八九〇）年一一月一日で、盛岡駅の開業と同じ日だった。

それ以前は仙台に行こうとすれば、馬車や人力車を使うしかなく、丸二日かかった。それが鉄道だとわずか六時間四〇分で到着するのだから、当時の人々の驚きは大変なものだった、らしい。

時の岩手県知事は石井省一郎である。石井は盛岡停車場（駅）の開業と同時進行で、街路を整備する計画をもっていた。従来北上川に架かる橋としては夕顔瀬橋があったが、新しくできる停車場とは少し距離がある。駅前の通りからまっすぐ市の中心部に通じる道路の建設が今後の盛岡の発展には不可欠だ――。そういった石井の判断から建設されたのが開運橋だ。

起工したのが同年（一八九〇）九月一四日。四五日余りの突貫工事で開運橋は竣工した。夕顔瀬橋を迂回する不便は回避され、住民は開運橋の完成を喜んだ。

宮沢賢治は花巻生まれだが、盛岡中学校（現盛岡第一高等学校）、盛岡高等農林学校（現岩手大学農学部）に学んだ期間は盛岡で過ごした。上京したり花巻に帰郷したりするときは、開運橋を渡って盛岡駅に辿り着いている。

もっとも、賢治が見た日本橋は現存しているのに対し、開運橋は土橋から鉄橋へと姿を変えている。現存の開運橋は、昭和二八（一九五三）年に竣工している。

石井省一郎の私邸は現在も残っている（盛岡市清水町七一五一、遠山病院所有）。盛岡市の保存建築物に指定されており、報告書には「明治二〇年前後の建築物で、盛岡市に現存する最古の洋風建築」と記載されている。設計施工は未詳だが、明治一九（一八八六）年頃に竣工したと推定されている。

石井は九州小倉藩士の出身で、明治一七（一八八四）年二月、岩手県令（翌年管制改正で知事職となる）として盛岡に赴任した。

当初は鷹匠小路《たかしょうこみち》にあった新渡戸稲造の生家である仮官舎に住んだが、赴任した年の一一月四日大火に遭い、罹災《りさい》した。

そのため、私邸を建設することになった。残された建造物は三階建て。盛岡産御影石が外壁に使用されたレンガ積造りである。屋根は寄棟造りで、屋根裏部屋がついている。ヨーロッパ風の趣がある。

とはいえ、当初あった外苑がなくなるなど、かつての面影は失われている。長く遠山准看護高等専門学校として利用されてきたが、二〇〇二年に同校は閉校になり、以後は年に一度美術展が開催される程度だった。

二〇〇五年になり、大規模な修繕が施され、以後は市民の活動拠点としての役割を担ってきた。現在も美術展などが開催されている。

石井は明治二四（一八九一）年四月、茨城県知事に転出した。

だが、かつて過ごした建造物への愛着からか、以後もたびたび盛岡を訪れ、私邸で公私の交流を続けたという。

旧石井省一郎私邸

茨城県知事の後、石井は貴族院議員として活躍し、昭和五（一九三〇）年一〇月二〇日、八九歳で亡くなった。

石井は盛岡駅の開業、開運橋の落成など交通網の整備に尽力したほか、地場産業の育成にも功があった。盛岡の近代化に貢献した一人である（『街もりおか』2021年11月号掲載）。

第四章　佐藤功一と盛岡

早稲田大学建築学科のいしずえを築く

これまで葛西萬司と横浜勉の建築とその背景に関して記してきたが、最後に佐藤功一と岩手県公会堂について紹介する。佐藤功一は早稲田大学教授・工学博士で、大隈《おおくま》講堂、日比谷公会堂の設計者として知られている。

明治時代から大正時代初期にかけて、建築家はほとんど工部大学校やその延長である帝国大学工科大学造家学科(後に建築学科)出身者に限定されていた。帝国大学は明治三〇(一八九七)年京都にも開設され、帝国大学は東京帝国大学と改称されたが、京都帝国大学において建築学科が創設されたのは大正九（一九二〇）年八月、武田五一がその基礎を築いた。そんな中、私学の先頭を切って建築の大学教育を開始したのが早稲田大学で、明治四三（一九一〇）年に建築学科が創設されている。その初期の指導者が、東京帝国大学建築学科を明治三六（一九〇三）年に卒業した佐藤功一だった。

佐藤功一は早稲田大学建築学科のいしずえを築いた人だ。明治四四（一九一一）年、三三歳の佐藤は早稲田大学教授に就任して以来、建築教育に精魂を傾けた。建築学科創設当時は佐藤にとって東京帝大の先輩にあたる伊東忠太が東洋建築史を教え、岡田信一郎が建築計画を教えた。

また、後輩の内藤多仲《たなか》が建築構造を教えたが、それ以外の科目は佐藤が教えた。「官」の流れである東京帝大とは異なる、「民」の流れを早稲田大学が築いたのであり、その中心にいたのが、佐藤功一だった。

大正七（一九一八）年過労がたたり、佐藤は大学を一年休んだ。この間、自宅に建築事務所を設けた。本格的な建築家としての活動が始まるのは、大正一〇（一九二一）年、内藤多仲に主任教授を譲ってからだ。

岩手県公会堂と日比谷公会堂は外観が似ており、意匠だけではなく材料も類似のものを使っている。日比谷公会堂の建築が後であることから、佐藤は岩手県公会堂でさまざまなことを試み、それを日比谷公会堂に生かしたともいえる。

佐野利器の耐震構造論

日本は地震国だが、岩手県公会堂建築当時も地震が考慮の対象になった。岩手県公会堂の設計が始まるのは大正一三(一九二四)年八月だが、前年九月一日に関東大震災が起こっている。

明治二三（一八九〇）年の美濃・尾張地震により、以後レンガ造に多量の鉄骨が使用され始めた。明治時代半ばに鉄骨造、鉄筋コンクリート造の近代的な構造技術が移入され、次第に日本に普及してゆく。

大正四年、佐野利器《さのとしかた》による『家屋耐震構造論』が発表され、その内容は大正八年の市街地建築物法に反映された。佐野は東京帝大教授で、大正八（一九一九）年に辰野金吾が亡くなった後、建築界でリーダーとしての役割を果たした人物だ。後藤新平が会長を務めた都市研究会の有力メンバーだった。大正一一（一九二二）年二月、日本で初めての都市学の調査研究機関・東京市政調査会が設立されるが、佐野は設立時の中心メンバーだった。後藤新平の東京市長在任中（一九二〇年一二月～一九二三年四月）、東京市政調査会は「後藤派」の進取の気性あふれる知識人・専門家の拠点であり、その提言は一九二三年に起こった関東大震災以後の帝都復興ビジョンの下敷きになった（越沢明『東京の都市計画』）。

後藤新平の東京市政調査会に賛同し資金援助をした人に安田善次郎がいる。善次郎は安田銀行（現みずほフィナンシャルグループ）の創立者として知られるが、大正一〇（一九二一）年九月二八日、朝日平吾により刺殺された。善次郎というパトロンを失った後藤新平はその二年後、東京市長の椅子《いす》を下りた。後藤の帝都復興ビジョンは大幅に経済規模が縮小され、帝都復興院は内務省の外局である復興局へと格下げされた（北康利『銀行王 安田善次郎』）。

佐野によって耐震補強の基礎が固められた後、建築界の課題は何の構造で、どのように耐震性を実現するか、だった。レンガ、鉄骨、鉄筋コンクリートのうち、どれを耐震補強の際に採用すればよいのか。佐野は地震によって破壊された建築物の現場を歩く中で、レンガや石の組積造は適さず、鉄骨造か鉄筋コンクリート造が地震に強いと知り、実作をしながら、耐震補強の研究を重ねた。明治四四（一九一一）年竣工の三井物産横浜支店で、佐野は日本で初めて全鉄筋コンクリートの構造計算を担当している。

関東大震災前の段階では、建築界の中で、鉄骨造こそが大型ビルの時代を支える構造だと考えられていた。

だが、関東大震災により、鉄筋コンクリートの揺れにも火にも強い性質が証明され、日本のビルの構造技術はアメリカの影響を受けた鉄骨造を脱し、鉄筋コンクリート造か鉄筋鉄骨コンクリート造に限定されることになる。その旗手が佐野利器で、佐野は後藤新平をリーダーに推進された震災復興計画の技術面の最高責任者として、東京におけるコンクリート化を推進した。学校、病院、役所などの公共建築のほか、民間の建造物にもコンクリートが浸透していったのである（藤森照信『日本の近代建築（下）』、岩波書店）。

中でも佐野が重要視したのが地域のコミュニティの中心としての小学校だった。すぐ近くに公園を整備し、都市不燃化のシンボルとして鉄筋コンクリート造の小学校を新築したのである。銀座の泰明小学校はその好例である（越沢明『東京の都市計画』）。

佐藤功一の下、早稲田大学で教鞭を執っていた内藤多仲は佐藤利器に学んだが、大正一一年『架構建築耐震構造論』を発表、その本の中で耐震壁という画期的な考え方を示した。その理論は大正一二年竣工の日本興業銀行の設計に採り入れられたが、直後に起こった関東大震災では「窓際のタイルが二、三枚落ちただけで無傷で地震に耐えた」。耐震壁の有効性が実証された。

岩手県公会堂はそうした技術の流れを受け、耐震壁付鉄筋コンクリート造を使用した草創期の建造物である。

佐藤功一と岩手県公会堂

岩手県公会堂は大正一四（一九二五）年九月一〇日に起工し、昭和二（一九二七）年六月一五日に竣工した建物で、現在も現役で使用されている。前年牛塚虎太郎知事が提案したが、その際四三万八千円という当時の予算では大金のため県議会議員の多くは積極的ではなかった。県議会で否決に追い込まれそうになったとき、牛塚知事が「人生は短く、芸術は永し」という名演説をぶって議員たちを沈黙させたという伝説がある（吉田六太郎『もりおか物語（九）

岩手県公会堂

—内丸・大通かいわい—』)。

岩手県公会堂の設計には日本を代表する建築家に依頼したいということで、当時の岩手県議会の発議により佐藤功一に設計者を決めた。

総工事費は四三万八千円（そのうち二〇万円は盛岡市の寄付金）で、建築工事は盛岡市内上小路の吉与組（吉田与八）が赤字覚悟で請け負ったという（吉田義昭『盛岡　明治大正昭和「事始め百話」』）。

昭和二年は佐藤功一にとって特別な年で、同年にはほかに早稲田大学大隈講堂、日本女子大明桂寮などがある。本格的に建築設計を初めて六年目で気力が充実していたと推察される。

岩手県公会堂の建築工事が完成し工事用の足場や覆いが取り払われると、市民はその建物の高さに驚きの声を上げたという。

主体構造は鉄筋コンクリート造二階建てで、塔屋を含む高さが二四メートル。現代の感覚でいえば、ちっとも高さを感じないが、当時は高層建築であった。岩手県内で初めて蒸気暖房や水洗トイレなどが採用され、東北随一の近代的な建物として喧伝された。大理石や岩手県産の蛇紋岩、木曽産の檜《ひのき》など材料も豪華なものが使用された。

竣工から三日後、一九二五年六月一八日から開催された落成式は、県下の有力者七五〇人を集めて開催された。アイヌ文化の研究で知られたジョン・バチェラー博士の講演で始まり、日活映画「志士横川省三・大陸の彼方へ」の上映会などの催事が三日間にわたって行なわれた後、一般に開放された。

当時の様子を『岩手日報』(六月一一日付)は、大略「内丸通りはすっかり外廓が取り払われて、正面玄関車寄せには自動車三〇台が横づけにされ、大玄関には得能知事の大書せる『岩手県公会堂』の文字が鋳物となって石造の面にちりばめられ、赤銅の重い扉を押して中に入れば二間幅の廊下が左右にわかれ、正面は階段で大理石が用いられている」と伝えている。

岩手県公会堂は県議会議事堂として使われたほか、県民の社交の場としての役割も果たした。細川正次郎が経営した「レストラン公会堂多賀」は新渡戸稲造が利用したことで知られる(現存しない)。公会堂には大食堂や大小宴会場のほか、一階には撞球場や酒場が営業していた(吉田義昭『盛岡　明治大正昭和「事始め百話」』)。

音楽や映画など大衆娯楽の普及と公会堂

公会堂の建設には、当時の時代背景が影響していた。大正時代に入り、西洋から社会主義など多くの思想が移入された。その結果、大正時代半ばには社会運動が成長し、多くの無産政党が生まれた。

大正一四（一九二五）年には普通選挙法が成立し、選挙資格は納税額制限が廃止され、満二五歳以上のすべての男子に拡大された。大日本帝国憲法が誕生した明治二三（一八九〇）年に五、〇〇〇人弱だった有権者数を思えば、相当な増加である。

そのような流れの中で、講演会、政党の演説会、雄弁大会などが頻繁に開催されるようになり、多くの公衆が集まれる場所が求められていた。

文化面でいえば明治時代初期に活動写真が登場した。大衆娯楽として専門上映館が各地にできはじめた。大正時代半ばには西洋音楽が盛んに移入されはじめたが、各地で演奏会や音楽会が開催されるようになった。

盛岡音頭

時代は少し下るが、岩手県公会堂をめぐってはこんなエピソードもあるので、紹介したい。

大正時代末期から昭和時代初期にかけては、全国的なご当地ソングブームが沸き起こり、各地で「音頭」や「小唄」が盛んに作られた。

その流れに乗って、「盛岡音頭」のレコードが岩手県下で一斉に発売されたのは、昭和九（一九三四）年一月一〇日のことだ。前年には未曽有の被害を出した三陸大津波があり、昭和六（一九三一）年の満州事変に伴い、岩手県下から多くの郷土兵が満州に向けて出征していった。さらに、凶作による不景気も重なり、岩手県内は重苦しい雰囲気に包まれていた。

そうした重苦しい雰囲気を払拭すべく発売されたコロムビアレコードのA面が「盛岡音頭」で、唄は当時人気の二三吉。B面は「岩手音頭」で、唄は赤坂小梅と新進の筑波一郎だった。「盛岡音頭」の作詞者・北畠喜代志（本名：潔）は盛岡市出身、地元の有力紙・岩手日報で記者として活躍していた。作曲はコロムビア文芸部所属の佐々紅華で、踊り振り付けはこの分野の第一人者・藤蔭静枝が担当した。藤蔭は芸者街である八幡町・本町のキレイどころを指導し、その後踊りは一般市民へと指導していった。記者が作詞したこともあり、岩手日報社では、この郷土の新民謡を紙面で大々的に宣伝、踊りの手ほどきを図解入りで掲載した。

また、岩手日報社では、松屋デパートと協賛し、昭和九（一九三四）年一月一六日に開催した発表会の場所が岩手県公会堂だった。公会堂には専属テナー歌手・伊藤久男が出演したほか、八幡町と本町の芸者が賛助出演、超満員の人々が公会堂に詰めかけたと当時の岩手日報が伝えている。

公会堂はそういった時代を象徴する建造物で、岩手県公会堂の落成式で映画上映会や講演会が行なわれたのは、まさに公会堂が人々のニーズにこたえる存在だったことを示している。

岩手県公会堂と日比谷公会堂

岩手県公会堂は昭和天皇御成婚記念事業として企画されただけではなく、陸軍大演習として天皇の「行幸」を請願し、大本営や「御座所」とすることを前提にしていた。天皇の存在を象徴する場所として公会堂が位置付けられていた。

明治時代末期、岩手県における軍の配備はすでに終わっている。盛岡の中心地内丸地区に建設された岩手県公会堂はその総仕上げの意味を持ち、付近には旧盛岡藩主をまつる桜山神社があった。

岩手県公会堂が竣工した翌年の昭和三（一九二八）年には、普通選挙法と同時に治安維持法が実施された。公衆のための施設であると同時に、天皇の御座所でもある岩手県公会堂はまさに時代を象徴していた。

佐藤功一が日比谷公会堂を設計するのはその後のことだが（竣工が一九三二年）、岩手県公会堂の外観は日比谷公会堂の外観にそっくりで、ミニチュア版のように思える。佐藤功一は日比谷公会堂という大作を作る前に、岩手県公会堂を実験作として作ったのかもしれない。

昭和三（一九二八）年秋の陸軍大演習の際には、岩手県公会堂に大本営が置かれ、陛下の御宿舎・行在所となった。

後藤新平と「大東京構想」

昭和四（一九二九）年に竣工した日比谷公会堂は岩手出身の政治家・後藤新平が深くかかわっている。

大正九（一九二〇）年一二月に東京市長に就任した後藤新平は翌年、近代国家日本の首都である東京を関東大震災から復興させるべく「大東京構想」を発表した。その主軸となったのが、都市問題の調査機関の設立と言論・文化の拠点としての役割を担う公会堂の建設だった。三五〇万円という巨額の投資と用地の提供を受け設計図案競技が実施され、指名された八人の著名建築家の案の中から、佐藤功一の案が第一等を獲得した。

大正四年から関東大震災を経て昭和四年に完成した日比谷公会堂は、その二年前に完成した岩手県公会堂を拡大・発展させたもので、このふたつの建築物は対にしてとらえる必要があるといえるだろう。

宮沢賢治と公会堂

岩手県公会堂の高さは、建屋を含めた二四メートルの建物は現代では目立たないが、当時としては盛岡で最高層の建築物だった。屋上に上れば盛岡市内はもとより、はるか紫波町日詰の城山杉まで見ることができた。

岩手県公会堂は県議会議事堂として使用されたほか、県民の社交場としても利用された。細川正次郎が経営する「レストラン多賀」はずっと営業を続けてきて、ハヤシライスが人気を集めた。新渡戸稲造がよく立ち寄った場所としても知られていたが、残念なことに数年前に営業をやめた。

また、当時は全国的に音楽ホールの建設ブームで、岩手県公会堂は音楽ホールとしても使用された。音楽ホールとして、岩手県公会堂はそのさきがけ的な存在であった。

宮沢賢治の代表作のひとつに「セロ弾きのゴーシュ」という作品がある。賢治の音楽への関心が投影された作品で、晩年の一九三一年から一九三三年にかけて執筆されたと推定されている。

宮沢賢治は花巻農学校を一九二六年三月三一日に辞め、羅須地人協会という私塾をつくるが、その代表的な活動が音楽活動で、レコード鑑賞会を開いたり、オーケストラの活動を行なったりした。

賢治は花巻農学校教諭時代、演劇に熱意をもって取り組んだ。演劇に歌曲を取り入れるため、チェロ（セロ）やオルガンを習いもした。現在、花巻市にある宮沢賢治記念館に保管されているチェロは賢治が友人の藤原嘉藤治に渡されたものだ。賢治は花巻農学校時代には、作詞作曲にも力を入れた。「星めぐりの歌」は賢治が作詞作曲したもので、童話「双子の星」「銀河鉄道の夜」の挿入《そうにゅう》歌として作られた。

「セロ弾きのゴーシュ」はプロの楽団が素人の楽団に負けられまいと練習に精を出すという設定で、東京でセロの指導を受け、羅須地人協会で素人楽団を率いた体験が生かされている。実際に賢治は東京でオーケストラの演奏に接する機会があったはずだ。

「セロ弾きのゴーシュ」には、こんな箇所がある。

それから六日目の晩でした。金星音楽団の人たちは町の公会堂のホールの裏にある控室

へみんなぱっと顔をほてらしてめいめい楽器をもって、ぞろぞろホールの舞台から引きあげて来ました。

文中「公会堂」の記述があるが、賢治は盛岡に出かけた際に岩手県公会堂に立ち寄ったことは確実で、その体験を創作に生かしたのである。

岩手県公会堂では竣工以来、県議会が開催されてきたが、昭和四〇（一九六五）年に岩手県庁舎・県会議事堂が落成。新議事堂に議会が移動したため、公会堂は貸室専門の文化施設になった。それでも日展や国民文化祭の会場となるなど、文化施設としての重要性は変わらなかった。

登録有形文化財に指定

竣工から九〇余年を経た岩手県公会堂だが、過去には存続の危機があった。内部や外壁の補修工事を大規模に行ない、建物を生き延びさせてきたが、平成一一（一九九九）年に岩手県は今後存続するかどうかを検討する委員会を立ち上げた。

翌年行なわれた耐震検査では、関東大震災直後の建造物であり、かなり耐震性を考慮した設計がなされていることが判明し、そのことが存続する大きな要素となった。佐藤功一の弟子には耐震性に詳しい内藤多仲があり、そのことが岩手県公会堂の設計に大きく寄与した可能性がある。

平成一八（二〇〇六）年、岩手県公会堂は国の登録有形文化財に指定された。

岩手県公会堂は現在も現役で活用されており、文化関係のイベントを中心に多くの市民が集っている。

4
column

一関出身の建築家・阿部美樹志

一関出身の建築家に阿部美樹志がいる。一八八三（明治一六）年五月四日、現在の一関市磐井町で生まれた。一関中学校（現一関一高）の第一回卒業生だ。父親は大工で、家は貧しかった。小学校を卒業して福島の裁判所に給仕として働きに出たが、一関に中学校が開校すると聞き、一年余りで帰郷した。在学中から、「俺は親父のように、火事になれば燃えてしまうような家は造らない。火事でも燃えない家を造るのだ」と語っていたという。

優秀で学費を免除された特待生で、一関中学校卒業後は花巻出身の佐藤昌介が校長をしていた札幌農学校（現北海道大学）土木工学科に進んだ。在学中は北海道庁に勤めていた柴野貞次郎の下で、帯広周辺の橋梁工事や道路工事に携わった。学才もあったのでここでも特待生となり、佐藤昌介からは助教授として学校に残るように勧められた。

一関文化センター前にある阿部美樹志顕彰碑

だが、美樹志はその誘いを丁重に断った。留学しようという意思があったためだ。当初昌介の紹介で逓信省に勤めたが、鉄道院が開設されると鉄道院に移り、中部鉄道管理局の新橋保線事務所設計係となった。

そこで勤めながら農商務省に提出したのが、「セメント工業と鉄筋コンクリート研究」という論文である。やがて、海外練習生採用試験に合格した。

一九一一（明治四四）年、美樹志は晴れて米国・イリノイ州立大学院の理論応用学科に入学した。朝から深夜まで鉄筋コンクリートに関する猛勉強を続けた結果、一九一四（大正三）年学位を得て卒業。学習意欲が衰えない美樹志はドイツのハノーバー工科大学に移って勉強を続けた。

折しも第一次世界大戦中で、ドイツは戦争の最中であった。やむを得ず、美樹志は勉学をあきらめて、同年末に帰国し、鉄道院に復帰した。

帰国してすぐ、活躍の舞台が待っていた。新橋―東京駅間を高架橋にする工事が進められていたのだ。時の鉄道院副総裁・古川阪次郎の命令で、美樹志は東京―万世橋駅間に日本で初めて鉄筋コンクリート高架鉄道橋を設計した。

従来、高架橋にはコンクリートは無理と考えられていたが、その常識を覆した。以後、高架橋に鉄筋コンクリートが普通に使用されるようになる。美樹志は鉄筋コンクリート高架橋の先駆者となり、阪急、阪神、南海などの電鉄会社からの仕事も殺到した。大阪市内環状線高架橋を手掛けたのも美樹志だ。

なお、美樹志が設計した高架橋を宮沢賢治は上京時に見ていて、次のような短歌を詠んでいる。

甲斐に行く万世橋の停車場をふつとあはれにおもひけるかな

万世橋駅は一九一二（明治四五）年四月一日、甲武鉄道（現中央線）の起点・終点駅として開業した。当初は盛況を極め、駅舎内の食堂は文士や画家のサロンとしてにぎわい、駅周辺は東京で有数の繁華街となった。

だが、一九一四年の東京駅開業により衰退への道を歩み始め、起点・終点駅から通過駅となった。一九二三年九月一日に起こった関東大震災で駅舎は炎上し、一九四三年には廃駅となった。駅舎はその後、交通博物館として長く利用されたが、閉館となった。

二〇一三年、旧万世橋の高架橋や駅の一部だった建物をリノベーションした商業施設「マーチエキュート神田万世橋」がオープンし、面影を現在に伝えている。

阿部美樹志は一九二〇（大正九）年に京都大学から工学博士の学位が授与された。以後、コンクリート博士と呼ばれるようになった。同年独立して阿部美樹志事務所を設立、鉄筋コンクリート主体の構造設計中心の建築設計士事務所としてスタートした。

美樹志の名声が高まったのは、関東大震災以後だ。東京や横浜など各地は壊滅的な打撃を受け、建物の多くは崩れ落ちたが、美樹志の手掛けた建物はびくともしなかった。

それでも麻布南町にあった美樹志の自宅は被害にあった。このときに救いの手を差し伸べたのが、知人で浅野セメントの総帥《そうすい》・浅野総一郎だった。美樹志の一家に自宅の一部を提供し、住まわせたのだ。それが縁で、ふたりはいっそう親しくなり、美樹志は浅野セメントの工場を一手に引き受けて復旧させた。

さらに、財界の大立者だった浅野は美樹志に阪急の小林一三、大倉土木の大倉喜八郎、明治製糖の相馬半治といった大物を紹介し、美樹志の名は財界に知られるようになった。建築設計事務所としての仕事も次々に舞い込んだ。

中でも、小林一三との出会いは貴重なものとなった。小林は箕面有馬電気鉄道（現阪急電鉄）、宝塚唱歌隊（現宝塚歌劇団）などを設立したアイデアあふれる優れた経営者だった。阪急の高架線工事が順調に進むと、小林は東京宝塚劇場、阪急百貨店、西宮球場などの設計監理の仕事を美樹志に託した。当初コンクリート主体の構造設計中心の設計事務所としてスタートした阿部美樹志事務所だったが、小林との出会いにより仕事の幅が広がり、意匠設計も手掛けるようになった。

美樹志は郷里一関でも手腕を発揮し、旧一関市庁舎本館（一九八四年解体）、旧一関小学校講堂（一九八二年解体）を設計している。旧一関小学校跡地には現在、一関文化センターが建っている。私の母校・一関一高の第一校舎を設計したのも先輩である阿部美樹志である（一九六一年竣工）。今は解体され、新校舎に建て替えられた（二〇〇七年）のは残念だ。

第二次世界大戦後の一九四六（昭和二一）年、幣原喜重郎《しではらきじゅうろう》内閣の下で復興院総裁となった。前任者は懇意だった小林一三で、小林が公職追放令を受けて辞任した後の就任である。あるいは、小林の推挙があったのかもしれない。美樹志は、名古屋や鹿児島など被災した一一九の都市の都市計画を策定した。一九六五（昭和四〇）年二月、八一歳で亡くなった（『ふみくら』第5号に掲載）。

第四章　佐藤功一と盛岡

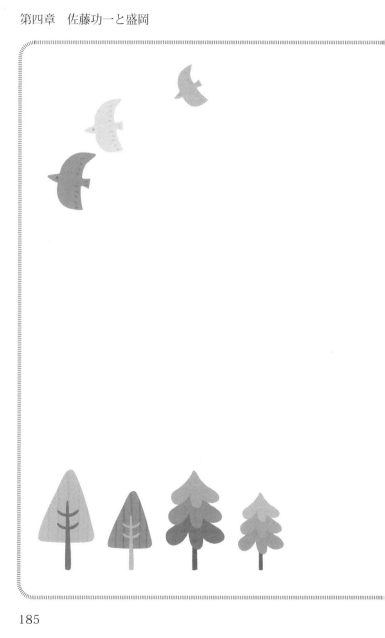

おわりに

私は二五年ほど前まで東京に住んでいて、建築雑誌で編集記者をしていました。建造物を見ることは仕事の一部でした。近年焼失した沖縄の首里城が復元された際は報道機関向けの内覧会で逸早く見ることができましたし、一九九五年一月一七日に起こった阪神・淡路大震災の際は一月後に神戸の街を歩き神戸市役所の亀裂を見て損害の大きさを実感しました。知らない街を訪ねたとき、建造物を見てまわるという体験を重ねるうちに建造物を見ること自体に楽しみを覚えるようになりました。

私は宮沢賢治が好きですが、賢治について書いた最初の本『宮沢賢治の東京』（日本地域社会研究所）は、賢治が生きたころの建造物がどのくらい遺されているか知りたい、という好奇心に根ざして執筆されたものです。

本書で取り上げた葛西萬司は親しく接した人々の回想によると、謙虚であまり自己主張せずそれでいて仕事は手を抜かない人だったようです。辰野金吾の補佐役として、自分の仕事を着実に行なった葛西萬司ですが、設計者としてもう少し光が当てられ、再評価されてほしい。そういう思いでこの本を書きました。

私は取材で全国の街を見て歩きましたが、盛岡ほど古い建造物が遺っている街はそれほど多くはありません。昨年(二〇二二年)、愛知県犬山市にある「博物館明治村」を初めて訪れました。名古屋電鉄の社長を務めた土川元夫と友人の建築家・谷口吉郎が企画し、一九六五年に開園したもので、帝国ホテル中央玄関などが移築され、明治時代の建造物を一度に見ることができます。その素晴らしさを感じながら見て回りましたが、建造物は周囲の風景と調和しつつ存在するほうが素敵だな、とも思いました。盛岡のように、古い建造物が街の風景と調和しながら存在し続ける大切さを再確認したのです。

盛岡をめぐっては最近、こんなニュースがありました。米国の有力紙「ニューヨーク・タイムズ」の一月一二日掲載の旅行欄で「二〇二三年の行くべき五二カ所」を特集し、世界各地の旅先の中で二カ所目に盛岡市が選ばれたのです。城跡や大正時代の和洋折衷の雰囲気がある建造物があり、散歩に最適の街だと絶賛されました。まさに私自身がそう思っていることなので、うれしいニュースでした。

葛西萬司、横浜勉、佐藤功一といった建築家によってつくられた建造物は盛岡の街に潤いをもたらし続けています。本書を読み、そういった建築家の存在に思いを馳せていただけたらとてもうれしいです。

最後に、資料の提供などで便宜を図っていただいた盛岡市先人記念館等の関係機関のほか、本書のもとになった連載「葛西萬司と横浜勉」(『月刊建築仕上技術』二〇一六年一月号～二〇一八年一二月号)の刊行元・工文社の久保賢次さんと森博さん、一緒に建造物を見て回りいろいろとアドバイスをしてくれた平貴文さん、出版を快諾いただいた日本地域社会研究所の落合英秋さんに感謝いたします。

二〇二三年二月

佐藤竜一

主要参考文献

泉三郎『青年・渋沢栄一の欧州体験』祥伝社　二〇一一年
伊藤ていじ『谷間の花が見えなかった時』彰国社　一九八二年
岩手県建築士会50周年記念誌部会編『岩手の歴史的〈建築〉ハンドブック』岩手県建築士会　二〇〇一年
岩手日報編集局『庭園物語』岩手日報社　一九五四年
浦田敬三・藤井茂『新訂版　いわて人物ごよみ』熊谷印刷出版部　二〇〇六年
海野弘『アール・ヌーボーの世界』中央公論新社　二〇〇三年
太田達人「汽車を陸蒸気といったころ」(『新岩手人』第20号所収)新岩手人の会　一九三三年
小川裕夫『渋沢栄一と鉄道「資本主義の父」が鉄道に託した可能性』天夢人　二〇二一年
荻野勝正『郷土の先人　尾高惇忠』博字堂　一九九五年
勝部民男『盛岡の和風建築』盛岡市教育委員会　二〇〇三年
門松秀樹『明治維新と幕臣』中央公論新社　二〇一四年
茅原健『工手学校　旧幕臣たちの技術者教育』中央公論新社　二〇〇七年

河上眞理　清水重敦『辰野金吾』　ミネルヴァ書房　二〇一五年
川村等『いわて経済夜話』　岩手日報社　一九九〇年
北康利『銀行王 安田善次郎』　新潮社　二〇一〇年
北岡伸一『後藤新平』　中央公論新社　一九八八年
北原遼三郎『明治の建築家・妻木頼黄の生涯』　現代書館　二〇〇二年
木原啓吉『歴史的環境』　岩波書店　一九八二年
熊谷印刷出版部編『岩手の群像』　熊谷印刷出版部　一九八七年
越沢明『東京の都市計画』　岩波書店　一九九一年
小林泰彦『にっぽん建築散歩』　山と渓谷社　二〇一九年
小牟田哲彦『鉄道と国家』　講談社　二〇一二年
佐藤竜一『宮沢賢治の東京』　日本地域社会研究所　一九九五年
佐藤竜一『盛岡藩』　現代書館　二〇〇六年
佐藤竜一『それぞれの戊辰戦争』　現代書館　二〇一一年
佐藤竜一『原敬と新渡戸稲造』　現代書館　二〇一六年
柴田巌・後藤斉編『日本エスペラント運動人名事典』　ひつじ書房　二〇一三年

清水重敦　河上眞理『辰野金吾』　佐賀県立佐賀城本丸歴史館　二〇一四年
ジラルデッリ青木美由紀『明治の建築家　伊東忠太　オスマン帝国をゆく』ウェッジ　二〇一五年
鈴木三八男編『聖堂物語』　斯文会　一九八九年
瀬川修「葛西萬司が残した県内の建築及び資料について（1）」　岩手県立博物館研究報告第19号所収　岩手県立博物館　一九九九年
寺島実郎『若き日本の肖像—一九〇〇年、欧州への旅—』　新潮社　二〇一四年
長岡高人編『もりおか物語（六）—鉈屋町かいわい—』　熊谷印刷出版部　一九七六年
長岡高人編『もりおか物語（七）—山岸・北山かいわい—』　熊谷印刷出版部　一九七七年
長岡高人『南部藩士　瀬山命助物語』　熊谷印刷出版部　一九九一年
長谷川堯『都市回廊』　中央公論社　一九八五年
林章『東京駅はこうして誕生した』　ウェッジ　二〇〇七年
原武史『歴史のダイヤグラム』　朝日新聞出版　二〇二一年
藤井茂『三田義正』　石櫻振興会　一九九二年
藤森照信『建築探偵の冒険〈東京篇〉』　筑摩書房　一九八九年
藤森照信『日本の近代建築（上）（下）』　岩波書店　一九九三年

藤森照信『近代日本の洋風建築 栄華篇』筑摩書房 二〇一七年
藤森照信『藤森照信の建築探偵放浪記』一般財団法人 経済調査会 二〇一八年
藤森照信＋大和ハウス工業総合技術研究所『近代建築そもそも講義』新潮社 二〇一九年
『街 もりおか』第六四七号 杜の都社 二〇二一年
まちの編集室編『てくり』第28号 まちの編集室 二〇一九年
三浦実：文、貝原浩：イラスト『吉田松陰』現代書館 一九八二年
光井渉『日本の歴史的建造物』中央公論新社 二〇二一年
村松貞次郎『日本近代建築の歴史』日本放送出版協会 一九七七年
盛岡劇場編『盛岡劇場ものがたり』岩手日報社 一九九六年
盛岡市教育委員会『盛岡の文化財』盛岡市教育委員会 一九九七年
盛岡市先人記念館『第49回企画展 葛西萬司 図録』盛岡市先人記念館 二〇一三年
盛岡市先人記念館『第66回企画展 南部鋳金研究所に集う人々 図録』盛岡市先人記念館 二〇二一年
盛岡市市民生活部環境保全課『歴史的建造物調査報告書』盛岡市 一九七九年
森荘已池『ふれあいの人々 宮澤賢治』熊谷印刷出版部 一九八八年

森まゆみ編『赤レンガの東京駅　その保存・復元に向けて』谷根千工房　一九八八年
森まゆみ「黎明期の建築家たち　第12回　葛西萬司」『住宅建築』第３３２号所収、建築資料研究所　二〇〇二年
森まゆみ『「五足の靴」をゆく――明治の修学旅行』平凡社　二〇一八年
三田弥生『明治＝岩手の医事維新―医師・三田俊次郎の挑戦―』大空社出版　二〇一八年
吉田義昭『盛岡　明治大正昭和「事始め百話」』郷土文化研究会　一九九五年
吉田六太郎編『もりおか物語（八）―肴町かいわい―』熊谷印刷出版部　一九七八年
吉田六太郎編『もりおか物語（九）―内丸・大通かいわい―』熊谷印刷出版部　一九七九年
読売新聞社編『建築巨人　伊東忠太』読売新聞社　一九九三年
歴史読本編集部編『日本の華族』新人物往来社　二〇一〇年
歴史読本編集部編『物語　幕末を生きた女１０１人』新人物往来社　二〇一〇年
渡辺敏男・内澤稲子編『岩手県公会堂を考える』日本建築家協会東北支部　二〇〇二年
渡辺敏男『盛岡の洋風建築』盛岡市教育委員会　二〇一四年
和田菜穂子『山手線の名建築さんぽ』エクスナレッジ　二〇二二年

著者紹介

佐藤竜一（さとう・りゅういち）

1958年岩手県陸前高田市生まれ。一関第一高校、法政大学法学部卒業を経て日本大学大学院博士課程前期（総合社会情報研究科）修了（国際情報専攻）。岩手大学特命准教授、宮沢賢治学会イーハトーブセンター副代表理事等を歴任。岩手大学非常勤講師。

著書　『黄瀛－その詩と数奇な生涯』（1994年、日本地域社会研究所）
『宮沢賢治の東京―東北から何を見たか』（1995年、日本地域社会研究所）
『日中友好のいしずえ―草野心平・陶晶孫と日中戦争下の文化交流』（1999年、日本地域社会研究所）
『世界の作家　宮沢賢治―エスペラントとイーハトーブ』（2004年、彩流社）
『盛岡藩』（2006年、現代書館）
『宮澤賢治　あるサラリーマンの生と死』（2008年、集英社）
『変わる中国、変わらぬ中国―紀行・三国志異聞』（2010年、彩流社）
『それぞれの戊辰戦争』（2011年、現代書館）
『石川啄木と宮沢賢治の人間学』（2015年、日本地域社会研究所）
『海が消えた　陸前高田と東日本大震災』（2015年、ハーベスト社）
『宮沢賢治の詩友・黄瀛の生涯』（2016年、コールサック社）
『原敬と新渡戸稲造―戊辰戦争敗北をバネにした男たち』（2016年、現代書館）
『宮沢賢治　出会いの宇宙―賢治が出会い、心を通わせた16人』（2017年、コールサック社）
『盛岡藩と戊辰戦争』（2020年、杜陵高速印刷出版部）
『国際外交の舞台で活躍した岩手の男たち―杉村陽太郎と新渡戸稲造』（2022年、日本地域社会研究所）

監修　『コミック版世界の伝記　宮沢賢治』（2012年、ポプラ社）

共訳　『三国志　中国伝説のなかの英傑』（1999年、岩崎美術社）

共著・分担執筆　『帆船のロマン―佐藤勝一の遺稿と追想』（2002年、日本エスペラント学会）、『灼熱の迷宮から。』（2005年、熊谷印刷出版部）、『ずっぱり岩手』（2007年、熊谷印刷出版部）、『宮澤賢治イーハトヴ学事典』（2010年、弘文堂）、『柳田国男・新渡戸稲造・宮沢賢治―エスペラントをめぐって』（2010年、日本エスペラント学会）、『戊辰戦争を歩く』（2010年、光人社）、『新選組を歩く』（2011年、光人社）、『新島八重を歩く』（2012年、潮書房光人社）、『トラウマと喪を語る文学』（2014年、朝日出版社）、『「朝敵」と呼ばれようとも』（2014年、現代書館）等

建築家《けんちくか》・葛西萬司《かさいまんじ》
辰野金吾《たつのきんご》とともに東京駅《とうきょうえき》をつくった男《おとこ》

2023年6月2日　第1刷発行
2023年12月2日　第2刷発行

著　者　佐藤竜一《さとうりゅういち》
発行者　落合英秋
発行所　株式会社 日本地域社会研究所
〒167-0043　東京都杉並区上荻1-25-1
TEL　(03)5397-1231(代表)
FAX　(03)5397-1237
メールアドレス　tps@n-chiken.com
ホームページ　http://www.n-chiken.com
郵便振替口座　00150-1-41143
印刷所　中央精版印刷株式会社

ISBN978-4-89022-297-1

日本地域社会研究所の好評図書

小野恒ほか著・中川恵一監修…がんの治療法は医師ではなく患者が選ぶ時代。告知と同時に治療法の選択をせまられる。正しい知識と情報が病気に立ち向かう第一歩だ。治療の実際と前立腺がんを経験した患者たちの生の声をつづった一冊。

前立腺がん患者が放射線治療法を選択した理由
がんを克服するために

46判174頁/1280円

中本繁実著…細やかな観察とマメな情報収集、的確な整理が成功を生む。アイデアのヒントは日々の生活の中に埋もれている。好きをお金に変えようと呼びかける楽しい本。

こうすれば発明・アイデアで「一攫千金」も夢じゃない！
あなたの出番ですよ！

46判205頁/1680円

三浦清一郎著…「やること」も、「行くところ」もない、「毎日が日曜日」の「自由の刑（サルトル）」は高齢者を一気に衰弱に追い込む。終末の生き方は人それぞれだが、現役への執着は、人生を戦って生きようとする人の美学であると筆者は語る。

高齢期の生き方カルタ
～動けば元気、休めば錆びる～

46判132頁/1400円

久恒啓一・八木哲郎著/知的生産の技術研究会編…梅棹忠夫の名著『知的生産の技術』に触発されて1970年に設立された知的生産の技術研究会が研究し続けてきた、知的創造の活動と進化を一挙に公開。巻末資料に研究会の紹介も収録されている。

新・深・真　知的生産の技術
知の巨人・梅棹忠夫に学んだ市民たちの活動と進化

46判223頁/1800円

宮﨑敏明著/地球対話ラボ編…東日本大震災で甚大な津波被害を受けた島の小学校が図画工作の授業を中心に取り組んだ「宮古復興プロジェクトC」の記録。災害の多い日本で、復興教育の重要性も合わせて説く啓蒙の書。

大震災を体験した子どもたちの記録

A5判218頁/1389円

斉藤三笑・絵と文…近年、東京も国際化が進み、町で外国人を見かけることが多くなってきました。日本に来たばかりの生徒もこの本を見て、すぐにみんなと将棋を楽しんだり、将棋大会に参加するなんてこともできるかもしれません。（あとがきより）

日英2カ国語の将棋えほん
漢字が読めなくても将棋ができる！

A4判上製48頁/2500円

日本地域社会研究所の好評図書